NANI

Zwei
Generationen
kochen
durchs Jahr

VORWORT

Zum Kochen kam ich erst durch die Heirat mit meinem Mann Toni. Sein Beruf war Landwirt und er liebte grosse Betriebe mit Leuten, die mithalfen bei der Arbeit. Diese Leute wohnten auch bei uns und haben am gleichen Tisch wie wir gegessen.

Was nun? Auf die Liebe hören oder auf und davon? Ich habe mich für die Liebe entschieden. So bekam ich nicht nur meinen Traum-Ehemann und nach und nach drei Kinder, sondern die Angestellten noch dazu. Während 31 Jahren führten mein Mann und ich den Plarengahof in Domat-Ems, als Betriebsleiter-Ehepaar. Ich wollte alles gut machen, auch das Kochen musste stimmen. Nebst der Arbeit auf dem Hof habe ich mich in Abendkursen weitergebildet. Kochen wurde zu meiner Passion! Über die Jahre habe ich einiges ausprobiert. Rezepte zu testen, reizt mich immer noch! Dazu benutze ich das Gemüse aus dem Garten, das stets frisch und saftig ist.

So entstand während meiner langjährigen Tätigkeit als Bäuerin eine grosse Sammlung von Kochrezepten. Lea, meine Enkelin, hat diese Sammlung entdeckt. Ihre Reaktion war: Da machen wir ein Buch daraus!

Lea, ihre Freundin Katharina und ich sind ein gutes Trio. Aus diesem Generationen-Projekt ist ein Kochbuch-Bildband entstanden mit Rezepten aus Graubünden: Gerichte, die nicht in Vergessenheit geraten sollten! Wir waren ein harmonisches Team. Lea war für die Bildgestaltung und das Fotografieren verantwortlich, Katharina war sehr gewandt immer zur Stelle beim Kochen. Der Einsatz dauerte ein Jahr, mit viel Herzblut und Verzicht auf Freizeit. Bravo Lea und Katharina, es war super mit euch dieses Buch zu gestalten.

Euer Nani

«Am liebsten koche ich für meine Familie. Bekannte Gerichte, aber auch Neues auszuprobieren, macht mir Spass. Mich erfreuts, dass ich auf frische Produkte aus meinem Garten zurückgreifen kann. Mein Speiseplan richtet sich nach der Ernte im Garten.»

«Ein Garten ist ein Symbol für Wachsen, Gedeihen und Vergehen. Mein Garten gibt mir Energie, Freude, Zufriedenheit, Arbeit, Bewegung, Planung, Ruhe und Erholung.»

VORWORT

Wir alle haben Träume. Nanis insgeheimer Traum war es, einmal ihr eigenes Kochbuch in den Händen zu halten. Nani besitzt unzählige Rezepte – zum Teil von Hand auf Briefumschlägen notiert oder in alten, auseinanderfallenden Kochbüchern gesammelt. Es sind Rezepte, die sich über Jahrzehnte bewährten und nun drohen, in Vergessenheit zu geraten. Um dies zu verhindern und zugleich Nanis Herzenswunsch zu erfüllen, entschieden wir uns, zusammen mit ihr ein Kochbuch zu kreieren.

Ein Jahr lang begleiteten wir Nani durch alle vier Jahreszeiten und kochten gemeinsam ihre Bündner Klassiker und Lieblingsrezepte – je nachdem was gerade Saison war und demnach teilweise auch in ihrem Garten wuchs. Durch die Führung eines Bauernhofbetriebes ist Nani sich gewohnt, saisonal aus dem Garten zu kochen. Ein Sachverstand, der heutzutage vermehrt nicht mehr selbstverständlich ist. Für uns ist eine nachhaltige Ernährung wichtig und eine bewusste Entscheidung; für Nani ist es eine durch ihre Lebenserfahrung angeeignete Selbstverständlichkeit. So lernten wir, nach Nanis Prinzip mit natürlich gewachsenen, selbst angebauten Lebensmitteln und möglichst ohne künstliche Zusätze gut bürgerlich zu kochen.

Das Kochbuch ist ein Zwei-Generationen-Projekt, das unser unterschiedliches Können vereint. Nani erfreut sich daran, ihr Wissen an die jüngere Generation weitergeben zu können. Wir vertiefen unsere Leidenschaften durch Leas Begeisterung für Fotografie und Katharinas Enthusiasmus bezüglich kulinarischen Erlebnissen. NANI ist ein Kochbuch, es zeigt jedoch auch wertvolle soziale Aspekte auf. Oftmals vergessen wir in unserer Gesellschaft, wie viel wir von älteren Generationen lernen können. Bei unseren Kochsessions bei Nani in Felsberg durften wir von einem intensiven Austausch profitieren. Sie ist mit ihren 86 Jahren ein lebendiges Buch voller Erfahrungen und inspirierte uns mit ihrer positiven Ausstrahlung zutiefst. Mit ihren Rezepten wünschen wir uns, dass ihre Leidenschaft und Freude für das Kochen weiterleben kann.

Katharina war jeweils zusammen mit Nani in der Küche verantwortlich für das Kochen und ergänzte die handgeschriebenen Rezepte von Nani mit den wichtigsten Schritten.

Lea war während des gemeinsamen Kochens oft parallel in Nanis Haus unterwegs auf der Suche nach der passenden Dekoration, nach Geschirr, Tischtüchern und Hintergründen, um die Rezepte stets wieder neu in Szene zu setzen und zu fotografieren.

Salz, Butter, Rapsöl, Bouillon, frische Kräuter aus dem Garten, Lorbeerblätter, Zwiebeln mit eingesteckten Nelken, Eier, Milch und Mehl – dies sind Nanis bewährte Geheimzutaten. Vor allem das Rapsöl darf bei ihr in der Küche nicht fehlen. Für Nani das hochwertigste und gesündeste aller Öle. Das heimische, gelbblühende Gold ist für sie ein Alleskönner, von der kalten bis hin zur heissen Zubereitung. Ihre Küche ist traditionell bündnerisch, herzhaft und richtet sich nach dem, was saisonal im Garten wächst.

In Nanis Küche nimmt Fleisch eine bedeutende Stellung ein, ihr Konsum ist jedoch durch ihr Lebenshintergrund als Bäuerin sehr bewusst. Die Rezepte wurden oftmals für Feste gekocht und nicht für den Alltag. Sie sind aufwändiger und dadurch wird dem Fleisch auch eine grössere Aufmerksamkeit geschenkt. So zeigte uns Nani jeweils zuerst auf einer Zeichnung, von welchem Teil des Tieres das Fleisch stammte. Dann legten wir das Fleisch, wie beispielsweise beim *Suurbrate*, sorgfältig für eine Woche lang in eine Beize ein. Nach einer Woche wurde der Braten mit grosser Wertschätzung gegessen.

Beim gemeinsamen Kochen wurde uns bewusst, dass durch den Generationenunterschied teils verschiedene Wertvorstellungen bestehen. Für Nani sind exotische Früchte etwas Aussergewöhnliches und Wertvolles, da es diese früher selten gab und sie auch teuer waren. Deshalb ist eine Ananas für Nani eine festliche Dekoration auf ihrem Fenchelsalat. Für uns hingegen ist ein Gericht mit möglichst allen Zutaten aus dem eigenen Garten oder der Region das Wertvollste.

Noch von früheren Zeiten geprägt, versucht Nani, die Lebensmittel möglichst nicht zu verschwenden. Dies zeigt sich unter anderem auch in ihrem Kühlschrank, in dem sie zahlreiche *Dösli* mit Resten von Gerichten sammelt. Sie bewahrt auch gerne alle Saucenreste auf, um sie in die Sauce am nächsten Tag wieder zu integrieren. Das grundsätzliche Wiederverwenden jeglicher Behälter und *Joghurtbecherli* ist Standard bei ihr.

*Die erfahrenen Hände erzählen
Geschichten aus Nanis Leben.*

Das Kochbuch ist nach Jahreszeiten aufgebaut.
Die vier Kapitel – Frühling, Sommer, Herbst und Winter –
zeigen die Rezepte, die Nani typischerweise in diesen
Saisons kocht. Die Rezeptwahl hängt davon ab, was gerade
in ihrem Garten wächst oder welche wichtigen Festtage
in diesen Monaten stattfinden. Zudem gibt es auch einfache
Ganzjahresklassiker, die im Kochbuch in einer Jahreszeit
ihren Platz gefunden haben, aber gut und gerne das ganze
Jahr über gekocht werden können. Am Ende des Buches
auf Seite 222 ist für eine Gesamtübersicht ein Rezeptverzeichnis zu finden. Innerhalb der Kapitel sind die Rezepte mehrheitlich nach Vorspeisen, Hauptspeisen und Desserts oder
Getränken geordnet. Alle Rezepte sind, wenn nicht anders
angegeben, für vier Personen berechnet. Zudem ist zu beachten, dass Nani salzig, mit reichlich Öl und Butter und aus
dem Kopf kocht. Die Angaben sind demnach ein Richtwert,
der nach eigenem Empfinden angepasst werden kann.

Rezepte
- Frühling 019
- Sommer 055
- Herbst 103
- Winter 157

Schlusswort 215

Dank 219

Über Uns 221

Frühling

«Nach dem langen Winter freue ich mich, wieder im Garten zu arbeiten. Frühling ist Pflanzzeit. Das Gartenjahr beginnt.»

REZEPTE FRÜHLING

Wildkräutersalat	023
Nanis Kräutergarten	024
Haustee	025
Spargeln	029
Conterser Bock	033
Gnocchi mit Salbei	035
Rösti mit Spiegeleiern und Spinat	037
Saltimbocca mit Herdöpfelstock	039
Rhabarberkuchen	043
Rhabarberschnittli	047
Holunderchüechli	049
Holunderblütensirup	051
Biskuitroulade mit Buttercreme	053

WILDKRÄUTER-SALAT

«Alle Pflanzen, die ich verwende, wachsen wild ums Haus und im Garten. Das erste Grün im Frühling!»

	SALAT	Den Salat und die Kräuter waschen, wenn nötig in kleinere Stücke schneiden und alles in eine Schüssel geben. Mit den Blüten dekorieren.
	Schnittsalat	
	Nüsslisalat	
	Feldsalat	

Salbei inkl. Blüte
Selleriekraut
Frühlingsspinat
Liebstöckel
Dill
Kerbel inkl. Blüte
Löwenzahn inkl. Blüte
Peterli
Gänseblümchen
Zitronenthymian
Quendel
Radieschen
Walderdbeerkraut
Zitronenmelisse
Ringelblumen inkl. Blüte
Pfefferminze

	SAUCE	Alle Zutaten für die Sauce zusammenmischen und über den Salat geben.
5 EL	Rapsöl	
1 TL	Senf	
2 TL	Mayonnaise	
½ TL	Pfeffer	
½ TL	Salz	
3 EL	Zitronensaft	
1 EL	Ahornsirup	

NANIS TIPP: Ein paar Tropfen Maggi beifügen, wenn noch das gewisse Etwas fehlt!

Nanis Kräutergarten

Nani sammelt und pflückt verschiedenste Kräuter, sei es im eigenen Garten, rund um das Haus oder bei Spaziergängen am Waldrand. Sie verwendet sie vor allem zum Kochen, für ihren Haustee sowie bei verschiedenen kleinen, gesundheitlichen Beschwerden. Für Lea und Katharina ein Wissen, das früher noch selbstverständlicher war, da die Heilkräfte der Pflanzen noch besser bekannt waren und sie genutzt wurden. Diese hilfreichen Kenntnisse stossen jedoch heute vermehrt wieder auf Interesse und Faszination. Wie viel Kraft in der Natur doch steckt!

NANIS KRÄUTER-TIPPS BEI
GESUNDHEITLICHEN BESCHWERDEN
Ringelblumentee: Zum Baden bei Entzündungen
Brennnesseltee: Bei Blasenentzündungen
Beinwell: Für ein Fussbad
Lavendel: Ein *Duftsäckli* zur Beruhigung

HAUSTEE

Alle Kräuter zum Trocknen aufhängen und für einen Haustee à la Nani zusammenmischen.

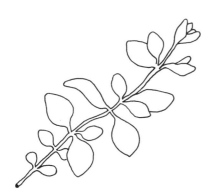

OREGANO
Wächst bei mir überall im Garten

PFEFFERMINZE
Gut für den Magen

ZITRONENMELISSE/
GOLDMELISSE
Wirkt beruhigend

RINGELBLUME
Reinigend und entzündungshemmend

WEISSDORN
Gut fürs Herz

JOHANNISKRAUT
Für sonniges Gemüt

SPARGELN

«Delikatesse, saisonal, kalorienarm.»

	SUD	Wasser mit Salz, Essig und Butter
± 4 l	Wasser	in einen grossen Kochtopf geben und
1 TL	Salz	aufkochen.
1 EL	Essig	
50 g	Butter	
	SPARGELN	Die Spargeln schälen und dann im Sud
2 kg	weisse oder grüne Spargeln	ca. 20 Min weichkochen.
	MAYONNAISE	Für die Mayonnaise das Eigelb, Senf und
2	Eigelb	Zitronensaft mit dem Handmixer ver-
1 TL	Senf	mischen, dann unter tüchtigem Schwingen
1 TL	Zitronensaft	tropfenweise das Öl dazugiessen, bis
2 ½ dl	Rapsöl	eine dickliche Sauce entsteht. Falls zu dick, kann mit Zitronensaft oder Essig verdünnt werden.

Die Spargeln mit Mayonnaise servieren. Dazu passen Schinkenscheiben und gekochte Eier.

NANIS TIPP: Aus dem Spargelsud eine feine Spargelsuppe herstellen:

± 1 l	*Spargelsud*	Den Spargelsud im Kochtopf wieder
2 TL	*Bouillon*	aufkochen. Die Bouillon beigeben, das
1 ½ EL	*Mehl*	Mehl in wenig kaltem Wasser auf-
etwas	*Pfeffer*	lösen und dazurühren. Die Suppe nach
etwas	*Salz*	Belieben würzen und für ca. 3 Min.
etwas	*Kräuter*	kochen lassen. Die Kräuter fein schnei- den, dazugeben und servieren. Fertig!

Spargeln dürfen im Frühling nicht fehlen.

*Am besten mit Nanis
selbstgemachter Mayonnaise.*

CONTERSER BOCK

«Karfreitagsmenü, seit ich denken kann.»

	EIER	
4	Eier	
	AUSBACKTEIG	
2	Eier	
2 dl	Milchwasser	
½ TL	Salz	
250 g	Weissmehl	
	SAUCE	
3 dl	Wasser	
100 g	Zucker	
1	Zimtstange	
½	Zitrone	
4 dl	Rotwein	
½ – 1 dl	Rapsöl	

Als Erstes die Eier hart kochen, abkühlen lassen und anschliessend schälen.

Für den Ausbackteig die Eier trennen und das Eiweiss steif schlagen. Dann das Eigelb mit dem Milchwasser, Salz und Mehl in einer Schüssel zusammenrühren, bis ein geschmeidiger Teig entsteht. Anschliessend das Eiweiss darunterziehen und den Teig beiseitestellen.

Für die Weinsauce Wasser, Zucker, Zimt und die geriebene Schale der Zitrone für ca. 10 Min. in einer Pfanne aufkochen lassen. Dann Rotwein dazugeben und nochmals kurz aufkochen.

In einer hohen Bratpfanne Öl erhitzen, einen EL Ausbackteig in die Pfanne geben und ein ganzes Ei in den Teig legen. Dann immer wieder ein EL Teig in die Pfanne geben und das Ei unter ständigem Wenden immer mehr in den Teig einpacken. Das Ei bis zur gewünschten Grösse mit Teig einpacken. Dies kann in der Bratpfanne oder in einer Fritteuse geschehen.

Zum Servieren die gebackenen Teig-Eier halbieren und mit Rotweinsauce servieren.

GNOCCHI MIT SALBEI

«Sie haben sehr gut geschmeckt. Dies habe ich mit Lea und Katharina zum ersten Mal gemacht. Ich liebe es, neue Rezepte auszuprobieren.»

	TEIG
800 g	Kartoffeln
2 dl	Wasser
2 TL	Salz
60 g	Butter
100 g	Mehl
2	Eier
½ TL	Salz
etwas	Pfeffer
1 Msp	Muskat

Für die Gnocchi am besten Lagerkartoffeln verwenden. Diese ungeschält als ganze Kartoffeln in einem Topf im kochenden Wasser weich kochen. Anschliessend die noch warmen Kartoffeln schälen und durch das Passevite treiben. Danach 2 dl Wasser in eine Pfanne geben, mit Salz und Butter aufkochen und dann Herdplatte ausschalten. Mehl gesiebt im Sturz in die Pfanne geben. Etwas auskühlen lassen. Eier – eines nach dem anderen – verquirlen und unter die warme Teigmasse rühren. Das zweite Ei erst dazugeben, wenn die Masse glattgerührt ist. Dann die passierten Kartoffeln, Salz, Pfeffer, Muskat beigeben und gut zu einem Teig vermischen. Um aus der Teigmasse Gnocchi herzustellen, einen Topf mit Salzwasser aufsetzen und zum Kochen bringen. Teigmasse in Spritzsack ohne Tülle füllen. 2 cm lange Gnocchi aus dem Spritzsack drücken, mit dem Messerrücken abschneiden und ins kochende Wasser fallen lassen. Die Gnocchi portionenweise im Salzwasser ziehen lassen, bis sie an die Oberfläche steigen. Dann abschöpfen und beiseitestellen.

	GARNITUR
70 g	Butter
2 Bund	Salbei
50 g	Sbrinz
	oder Parmesan

Für die Garnitur Butter in der Bratpfanne erhitzen. Salbeiblätter fein schneiden, in die Pfanne geben, kurz andämpfen und die Gnocchi damit garnieren. Nach Belieben geriebenen Käse dazugeben.

RÖSTI MIT SPIEGELEIERN UND SPINAT

«Einfaches und schnelles Bauerngericht.»

	RÖSTI
750 g	Kartoffeln
½ dl	Rapsöl
1 TL	Salz

Kartoffeln roh schälen und durch die grobe Rösti-Reibe in eine Schüssel raffeln. Das Öl in die Bratpfanne geben. Sobald es heiss ist, die geraffelten Kartoffeln dazugeben und auf mittlerer Hitze anbraten. Wenn die Kartoffeln auf der Unterseite schon leicht rösten, einen Deckel auf die Pfanne legen und stürzen. Weiter so, bis die Rösti eine knusprige Oberseite hat. Salz erst am Schluss beigeben, sonst wird die Rösti nicht kross.

	SPINAT
1 kg	Spinat
30 g	Butter
1	Zwiebel
1	Knoblauchzehe
± 1 dl	Wasser
½ TL	Bouillon
½ TL	Salz
etwas	Pfeffer
1 Msp	Muskat
1 dl	Rahm

Für Rösti à la Nani Spinat und Spiegeleier dazu servieren. Dafür den Spinat gut waschen und im Tuch ausdrücken. Dann Butter in einer Pfanne erhitzen. Zwiebeln schälen, fein hacken, beigeben und Knoblauch dazupressen. Beides kurz andämpfen und dann Spinat als ganze Blätter dazugeben. Das Ganze mit Wasser ablöschen und Bouillon einrühren. Mit Salz, Pfeffer und Muskat nach Belieben würzen. Den Rahm zum Schluss beigeben zum Verfeinern und Servieren.

	SPIEGELEIER
4	Eier

Für jede Person ein Spiegelei in einer zusätzlichen Bratpfanne mit etwas Öl braten. Ei anschliessend zum Servieren im Teller direkt auf die Rösti legen.

SALTIMBOCCA MIT HERDÖPFELSTOCK

«Sonntagsmenü oder wenn Besuch da ist.»

SALTIMBOCCA

8	à la minute *Kalbsplätzli*
2 EL	Fleischgewürz-Mischung
8	Rohschinkenscheiben
8	Salbeiblätter
1 EL	Bratbutter
1 dl	Weisswein
2 EL	Butter
etwas	Salz
etwas	Pfeffer

Plätzli mit Fleischgewürz würzen, mit je einer Scheibe Rohschinken belegen und etwas andrücken. Salbei ebenfalls darauflegen und beides mit einem Zahnstocher befestigen. In einer Bratpfanne die Bratbutter erhitzen, die *Plätzli* beigeben und beidseitig 1–2 Min. braten. Herausnehmen und auf einer Platte im auf 80 Grad Umluft vorgeheizten Ofen warm stellen. Den restlichen Bratensatz mit dem Weisswein ablöschen und etwas reduzieren lassen. Butter beigeben, mit dem Schwingbesen unterrühren und nach Belieben mit Salz und Pfeffer abschmecken. Die Sauce kurz vor dem Servieren über das Fleisch geben.

HERDÖPFELSTOCK

1 kg	Kartoffeln
1 EL	Salz
4 dl	Milch
½ TL	Muskat
50 g	Butter

Für den *Herdöpfelstock* die geschälten Kartoffeln in Würfel schneiden und in einem Topf mit kochendem Salzwasser weich kochen. Dann die gekochten Kartoffeln durch ein Passevite treiben. Parallel Milch in einer Pfanne erwärmen und direkt von der Pfanne zu den Kartoffeln geben. Muskat und Butter beigeben und die Masse mit dem Schwingbesen luftig schlagen.

NANIS TIPP für Restenverwertung:

HERDÖPFELSTOCK-PUFFERS

1–2	Eier
1 EL	Mehl
etwas	Käse
1 EL	Rapsöl

Je nach Restenmenge 1–2 Eier, etwas Mehl zum Binden und geriebenen Käse zum restlichen Herdöpfelstock dazugeben. Das Ganze verrühren und portionenweise in der erhitzten Bratpfanne mit etwas Rapsöl anbraten. Dann geniessen, einfach so – oder mit Salat oder Würstli.

RHABARBER-KUCHEN

«Sonntäglicher Höhepunkt im Frühling. Sehnsucht nach etwas Frischem!»

Für eine Springform von 26 cm ⌀

KUCHENTEIG
250 g	Mehl
¼ TL	Backpulver
¼ TL	Salz
100–125 g	weiche Butter
2	Eigelb
40 g	Zucker
1–2 EL	Milch

FÜLLUNG
3 EL	geriebene Mandeln
300 g	Rhabarber
3 EL	Zucker
½ TL	Zimt

BELAG
2	Eiweiss
1 Prise	Salz
150 g	Zucker

Für den Kuchenteig das gesiebte Mehl, Backpulver, Salz und die weiche Butter in eine Schüssel geben und zwischen den Händen verreiben. Die Eier trennen und das Eiweiss für den Belag für später im Kühlschrank aufbewahren. Das Eigelb, den Zucker und die Milch in die Schüssel geben und alles zu einem glatten Teig verkneten. Diesen für ca. 2 Std. kühl stellen.

Nach 2 Std. die Kuchenform einfetten und ein Backpapier einklemmen. Den Teig auswallen und in die Form geben. Teigrand etwas hochziehen und Boden mit einer Gabel einstechen. Die Mandeln auf den Teigboden streuen. Die Rhabarberstängel evtl. etwas schälen, dann in kleine Stückchen schneiden und diese auf dem Boden verteilen. Den Kuchen mit Zucker und Zimt bestreuen und bei 170 Grad Umluft für ca. 20–25 Min. backen. Herausnehmen und etwas auskühlen lassen.

Das kühl gestellte Eiweiss mit dem Handmixer steif schlagen. Salz und Zucker, wenn fast steif, langsam dazugeben und auf tiefer Mixstufe etwas weiterschlagen. Meringues-Masse auf dem Kuchen verteilen und die Form nochmals bei 130 Grad Umluft für ca. 30–40 Min. in den Ofen.

NANIS TIPP: Laut einer alten Bauernregel sollte Rhabarber nur bis zum längsten Tag, dem 24. Juni (Johannistag), geerntet werden. Dies hat zwei Gründe: Einerseits ist der Gehalt an Oxalsäure im Frühjahr niedriger als im Sommer, andererseits braucht der Rhabarber genügend Regenerationszeit für eine ertragsreiche Ernte im Folgejahr.

Den Kuchen mit Zucker und Zimt bestreuen und ab in den Ofen.

Meringues-Masse auf dem Kuchen verteilen und nochmals in den Ofen.

FRÜHLING

RHABARBER-SCHNITTLI

«Feine Frühlingshäppli.»

Ergibt ± 20 Schnittli

	KOMPOTT	
500 g	Rhabarber	
3 dl	Wasser	
3 EL	Zucker	
wenig	Zimt	
1 ½ EL	Maizena	

Rhabarberstängel evtl. etwas schälen, dann in Würfel schneiden und in eine Pfanne geben. Im Wasser mit Zucker und Zimt weich kochen. Maizena in wenig Wasser auflösen, dazugeben und für 1 Min. kochen lassen. Dann zur Seite stellen.

	TOAST	
10	Scheiben Toastbrot	

Die Toastscheiben auf einem Blech verteilen. Im Ofen bei ca. 180 Grad Umluft für ca. 10 Min. rösten. Dann herausnehmen und mit Rhabarberkompott bestreichen.

	GARNITUR	
± 2 dl	Vollrahm	
1 EL	Puderzucker	

Den Rahm mit dem Handmixer steif schlagen, Puderzucker dazugeben und auf tiefster Stufe weiterschlagen. Dann *Schnittli* damit dekorieren und geniessen.

HOLUNDER-CHÜECHLI

«Schnelles, einfaches Frühlingsdessert.»

150 g	Mehl
¼ TL	Salz
1 ½ dl	lauwarmes Wasser
2–3	Eier
1 EL	Öl
1 Büschel	Holunderzweige
etwas	Puderzucker

In einer Schüssel Mehl, Salz und Wasser zusammenrühren. Eier trennen: Eigelb zur Masse geben und Eiweiss mit dem Handmixer sehr steif zu Schnee schlagen. Dann ebenfalls unter die Masse ziehen. In einer Bratpfanne Öl erhitzen. Die Holunderzweige in Teigmasse tunken und dann in heisse Pfanne geben und darin backen. Zum Servieren Puderzucker darüberstreuen.

HOLUNDER-BLÜTENSIRUP

«Holundersirup gehört zum Frühling und gilt als Vorrat für den Winter.»

3	Dolden Holunderblüten
1 l	Wasser
1 kg	Zucker
20 g	Zitronensäure-Pulver

Holunderblüten in eine grosse Schüssel mit kaltem Wasser einlegen und für 24 Std. stehen lassen. Dann absieben. Zucker mit der Flüssigkeit gut vermischen und in einem grossen Kochtopf aufkochen. Das Zitronensäure-Pulver beigeben und dann zweimal aufkochen lassen. Danach auskühlen lassen, in Flaschen abfüllen und verschliessen.

NANIS TIPP: Zitronensäure kann in der Drogerie gekauft werden. Hilft für eine längere Haltbarkeit.

BISKUITROULADE MIT BUTTERCREME

«Immer beliebt und eine Freude in unserer Familie.»

	BISKUITTEIG
4	Eier
3–4 EL	heisses Wasser
125 g	Zucker
1 Pck	Vanillezucker
75 g	Weissmehl
50 g	Maizena
1 Msp	Backpulver

Die Eier trennen. In einer Schüssel Eigelb und Wasser schaumig rühren und nach und nach ⅔ des Zuckers beigeben. So lange rühren, bis eine cremeartige Masse entsteht. Das Eiweiss zu steifem Schnee schlagen und dabei löffelweise den restlichen Zucker beigeben. Den Schnee auf die Eigelbmasse geben. Das Mehl mit Maizena und Backpulver gemischt darübersieben, mit dem Gummischaber unter die Eigelbmasse ziehen, nicht mehr rühren! Das Backblech mit Backpapier belegen, mit Butter einfetten und wenig Mehl darüberstreuen. Den Teig auf das Blech verteilen und sofort bei 180 Grad Umluft im oberen Teil des Ofens für ca. 12 Min. backen. Als Vorbereitung ein Küchentuch auf den Tisch legen und mit Zucker bestreuen. Die Roulade gebacken auf dem Papier vom Blech nehmen und auf das Küchentuch stürzen. Papier kann so leicht abgezogen werden. Das Papier mit der sauberen Seite wieder auf die Roulade legen und samt Küchentuch aufrollen. Auf ein Gitter legen und auskühlen lassen.

	FÜLLUNG
2 dl	Milch
1 Pck	Karamellpulver
150 g	Zucker
2 TL	Maizena
150 g	Butter
75 g	Puderzucker

Nun die Buttercreme für die Füllung zubereiten. Die Milch in einer Pfanne mit Karamellpulver, Zucker und Maizena für 2–3 Min aufkochen. In einer Schüssel etwas auskühlen lassen. Butter mit Puderzucker mischen, glatt rühren und dann mit der Karamellcreme in der Schüssel vermischen. Die Creme darf für diesen Schritt noch nicht zu kalt sein. Die ganze Masse im Kühlschrank fest werden lassen.

Die Roulade mit der Creme bestreichen, aufrollen und mit etwas Puderzucker bestreuen. Die Enden abschneiden, damit es schöner aussieht. Dann servieren und geniessen.

Sommer

«Die Rosen blühen, und das sind viele. Die Kirschen sind reif! Es folgen die Johannisbeeren. Es geht ans Einmachen. Im Garten gibt es Schnittsalat, Nüsslisalat, Radiesli und Spinat.»

REZEPTE SOMMER

Sommersalate	059
Wurst-Käse-Salat	063
Butterzopf	065
Ratatouille	067
Gefülltes Gemüse	069
Hackbraten	071
Nanis Umgang mit Fleisch	074
Vitello Tonnato	077
Johannisbeerkuchen mit Meringues-Haube	081
Johannisbeersirup	085
Johannisbeergelee	087
Chriesigonfi	087
Chriesichueche	089
Himbeerglace mit Meringues	091
Quarktorte mit Beeren	095
Ofenküchlein	099
Kafi Cognac	101

SOMMERSALATE

«Verschiedene Salate mit Würstli sind im Sommer immer willkommen.»

TOMATENSALAT

4	Tomaten
125 g	kleine Mozzarella-Kugeln
1 Büschel	frischer Basilikum
	SAUCE
3 EL	Olivenöl
2 EL	brauner Balsamico-Essig
1 TL	Salz
etwas	Pfeffer

Die Tomaten halbieren und in feine Scheiben schneiden. Auf einer Platte oder flachem Teller schön nebeneinander auflegen. Mit Mozzarella-Kugeln und Basilikum dekorieren und die Sauce darüberträufeln.

KARTOFFELSALAT

1 kg	Kartoffeln
± ½ dl	Bouillon
2	Essiggurken
1 Büschel	Schnittlauch
1 EL	Majoran
	SAUCE
6 EL	Rapsöl
4 EL	weisser Essig
1 KL	Senf
etwas	Salz
etwas	Pfeffer

Kartoffeln in Salzwasser kochen und noch warm schälen. Dann in Scheiben schneiden und in eine Schüssel geben. Heisse Bouillon darübergiessen, zudecken und ziehen lassen. Die Essiggurken in *Rädli* schneiden und die Zutaten für die Sauce zusammenmischen. Beides in die Schüssel zu den Kartoffeln geben. Zum Schluss Schnittlauch und Majoran fein schneiden und darüberstreuen.

GURKENSALAT

1	Salatgurke
etwas	Dill
	SAUCE
5 EL	Rapsöl
3 EL	weisser Essig
1 TL	Senf
½ TL	Aromat
etwas	Pfeffer

Die Gurke schälen, noch etwas grün lassen und in Scheiben schneiden. Die Samen der Gurke sollten noch klein sein. Dill schneiden und darüberstreuen. Saucenzutaten zusammenmischen und über den Gurkensalat giessen.

SOMMERSALATE

BOHNENSALAT

800 g	Bohnen
1	Peperoni
	SAUCE
5 EL	Olivenöl
4 EL	brauner Balsamico-Essig
½	Zwiebel
1 TL	Bohnenkraut
1 TL	Senf
1 TL	Salz
etwas	Pfeffer

Bei den Bohnen die *Spitzli* abschneiden und im Salzwasser weich kochen. Parallel Zutaten für die Sauce in einem Gefäss zusammenmischen, dafür das Bohnenkraut fein schneiden und die Zwiebel fein hacken. Bohnen noch warm in die Sauce geben und klein geschnittene Peperoni beifügen.

RÜEBLISALAT

6	*Rüebli*
	SAUCE
3 EL	Rapsöl
½ dl	Rahm
3 EL	Zitronensaft
2 EL	Mayonnaise
1 TL	Senf
½ TL	Aromat
½ TL	Zucker
etwas	Pfeffer

Die *Rüebli* fein raffeln und in eine Schüssel geben. Für die Sauce alle Zutaten zusammenmischen und über den Salat giessen.

WURST-KÄSE-SALAT

«Sommerrezept, wenn die frischen Kartoffeln kommen im Juli und August.»

4	Cervelats
200 g	Käse (z.B. Gruyère)
4	Essiggurken
1 Dose	Kidneybohnen (± 300 g)
1	Zwiebel
2 Stk	Toastbrot oder alte Brotscheiben
	SAUCE
2 EL	Senf
1 Becher	Naturjoghurt (± 180 g)
1 dl	Rapsöl
½ dl	Wasser
½ dl	Essig
etwas	Salz
etwas	Pfeffer

Die Cervelats schälen, halbieren und in Scheiben schneiden. Den Käse in feine Würfel schneiden und die Essiggurken ebenfalls fein würfeln. Die Bohnen abspülen. Die Zwiebeln schälen und in Streifen schneiden. Dann alle Zutaten gemeinsam in eine Schüssel geben. Brot in Würfel schneiden und für Brot-Croutons rösten.

Für die Sauce Senf, Joghurt, Öl, Wasser und Essig in einen Massbecher füllen und mit dem Stabmixer aufrühren. Mit Salz und Pfeffer würzen, über dem Salat verteilen und mischen. Zum Schluss die Croutons darüberstreuen und servieren.

BUTTERZOPF

«Das war mein Renner, jeden Sonntag war er auf dem Tisch.»

Für einen grossen Zopf

500 g	Weissmehl
1 TL	Salz
½	Hefewürfel
70 g	Butter
2 ½–3 dl	Milch
2	Eier

Für den Hefeteig als Erstes das Mehl in eine Schüssel geben und in der Mitte eine Vertiefung machen. Das Salz rundherum streuen. Hefe mit etwas Milch separat anrühren und in die Vertiefung geben. In der Mitte ein *Teigli* machen, die weiche Butter dazugeben und mit der Gabel verrühren. Dann 1 ½ Ei und nach und nach beim Kneten den Rest der warmen Milch dazugeben. Das restliche Ei zur Seite stellen für später. Den Teig sehr gut von Hand kneten und schlagen. Tut ihm gut. Für 20–30 Min. aufgehen lassen und dann zu einem Zopf formen. Geformt nochmals für 10–15 Min. aufgehen lassen. Mit dem restlichen Eigelb bestreichen und bei 170 Grad Umluft im vorgeheizten Ofen für 30–40 Min. backen.

RATATOUILLE

«Rüebli, Tomaten, Zucchetti und Zwiebeln sind im Sommer reichlich vorhanden.»

1 EL	Olivenöl
1	Zwiebel
2	Knoblauchzehen
400 g	*Rüebli*
800 g	Zucchetti
400 g	Tomaten
etwas	Oregano
etwas	Thymian
2 dl	Bouillon
etwas	Salz
etwas	Pfeffer

In einem Topf Olivenöl erhitzen und die geschälten, fein gehackten Zwiebeln und den gepressten Knoblauch kurz andämpfen. *Rüebli* und Zucchetti rüsten und in *Rädli* schneiden. Tomaten in Würfel schneiden. Alles in die Pfanne geben und kurz mitdämpfen. Oregano und Thymian darüberstreuen. Mit 2 dl Bouillon ablöschen. Etwas Salz und Pfeffer dazugeben. Zugedeckt während 20 Min. kochen.

GEFÜLLTES GEMÜSE

«Tomaten oder Zucchetti – was gerade im Garten vorhanden ist.»

	TOMATEN
4	Tomaten
35 g	Butter
35 g	Mehl
½	Zwiebel
5 dl	Milch
wenig	Salz
einige	Pfefferkörner
1	Lorbeerblatt
100 g	geriebener Käse

Bei den Tomaten Deckel oben aufschneiden und aushöhlen. Für die Füllung Butter, Mehl und Zwiebeln in einer Pfanne andämpfen. Milch beifügen und in die Sauce schwingen, bis sie kocht. Danach mit Salz und Pfeffer würzen, Lorbeerblätter beigeben und mitkochen. Am Schluss geriebenen Käse dazugeben. Die vorbereiteten Tomaten mit der Sauce füllen und Deckel wieder aufsetzen. Danach im Ofen bei 160 Grad Umluft für ca. 15 Min. überbacken.

	ZUCCHETTI
2	Zucchetti
2 EL	Butter
1	Knoblauchzehe
400 g	Hackfleisch
1 Bund	*Peterli*
etwas	Oregano
1 dl	Weisswein
etwas	Salz
etwas	Pfeffer
50 g	geriebener Käse (z.B. Gruyère)
etwas	*Butterflöckli*
1 dl	Bouillon

Die Zucchetti waschen, den Stielansatz wegschneiden, der Länge nach halbieren und leicht aushöhlen. Das Fruchtfleisch aufbewahren und z.B. für eine Suppe verwenden. Für die Füllung Butter schmelzen, die Knoblauchzehe dazupressen und das Hackfleisch anbraten. Dann *Peterli* und Oregano fein geschnitten dazugeben, den Wein ebenfalls beigeben. Die Füllung pikant mit Salz und Pfeffer würzen. Das vorbereitete Gemüse in eine Auflaufform legen (gut ausbuttern). Zucchetti mit der Hackfleischmasse füllen, mit dem Käse bestreuen und *Butterflöckli* darüber verteilen. Die Bouillon in die Auflaufform giessen. Das Gemüse im auf 200 Grad Umluft vorgeheizten Ofen während 25–30 Min. backen. Diese Füllung passt auch gut in Tomaten oder Gemüsezwiebeln.

HACKBRATEN

«Hat den Vorteil, dass er sich warm und kalt essen lässt. Eignet sich auch gut zum Picknick.»

Ergibt 2 Braten

	BRATENMASSE
250 g	gehacktes Rindfleisch
250 g	gehacktes Kalbfleisch
250 g	gehacktes Schweinefleisch
200 g	Brät
2 TL	Salz
½ TL	Pfeffer
etwas	Muskat
100 g	Brot
1 ½ dl	Bouillon
1 EL	Rapsöl
150 g	*Speckwürfeli*
1	Zwiebel
1 Bund	*Peterli*
2 EL	Mehl

	SAUCE
1	Zwiebel
4	Nelken
2	Lorbeerblätter
2	*Rüebli*
2	Rosmarinzweige
± ½ l	warmes Wasser
2 EL	Bratensauce
80 g	Butter

Das gehackte Fleisch mit dem Brät vermengen und mit Salz, Pfeffer und Muskat würzen. Das Brot in Würfel schneiden, in der Bouillon einweichen und dazugeben. Alles gut verkneten.

Dann *Speckwürfeli* in einer Pfanne in Öl anbraten. Zwiebeln und *Peterli* fein geschnitten beigeben. Dann Zutaten mit Mehl zum Fleisch geben und 10 Min. gut kneten.

Die Masse auf bemehlter Unterlage zu zwei länglichen Braten formen und in eine Backofenform legen. Für die Garnitur die Zwiebel mit den Nelken und den Lorbeerblättern bestecken. Die restliche Bratengarnitur dazugeben. Die zwei Braten mit einem Teil des warmen Wassers, gemischt mit Bratensauce und heisser Butter, übergiessen.

Den Braten im Ofen bei 180 Grad Umluft 1–1 ½ Std. braten, dabei immer wieder mit der restlichen Flüssigkeit übergiessen.

Nanis Umgang mit Fleisch

Ob und wie viel Fleisch konsumiert werden soll, wird heutzutage immer wieder diskutiert und ist somit ein Thema mit vielen kontroversen Meinungen. Beim gemeinsamen Kochen tauschten auch wir uns mit Nani bezüglich Fleischkonsum aus, denn es war von Anfang an klar, dass Fleisch Teil vieler Rezepte sein wird. Die Meinungen gingen auch in unserem Team auseinander. Da dieses Buch jedoch der Verewigung von Nanis Traditionen dienen soll, möchten wir nicht über Fleischkonsum diskutieren, sondern erzählen, was wir von ihrer Fleischküche mitgenommen haben, und aufzeigen, was ihr Bezug zum Fleisch ist. Sie durchlebte eine Zeit, die mit viel Wandel verbunden war – vom wertvollen, rationierten Fleisch, dass nur sonntags gegessen wurde, bis hin zum günstigen, riesigen Fleischangebot.

«In meiner Kindheit habe ich nicht viel Fleisch gegessen. Am Sonntag gab es Fleisch und am Mittwoch kam der Metzger ins Dorf. Dann gab es immer Fleischbölleli – Knödli haben wir denen gesagt. Sobald wir ein Tier geschlachtet hatten, mussten wir unsere Fleischmärkli abgeben. Es gab noch kein Fleisch aus dem Ausland und in der Schweiz selber war es deshalb rationiert. Wir durften ein Schaf pro Familie schlachten. Wenn das aber ein kleines Tier war, wurde es etwas knapp für eine grossköpfige Familie. Damals gab es noch keine Gefriertruhe. Somit mussten wir das Fleisch anbraten und sterilisieren in Einmachgläsern. Später als Bäuerin auf dem Hof habe ich täglich für alle Arbeiter Fleisch gekocht.»

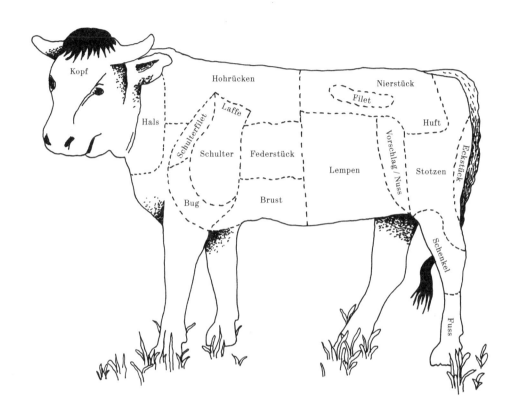

Nanis Umgang mit Fleisch ist mit einem grossen Wissen verbunden. Von ihr haben wir gelernt, was eine Beize ist und was es heisst, Fleisch über mehrere Tage einzulegen. Zwiebeln, mit Nelken und Lorbeerblättern besteckt, sowie verschiedene Kräuter aus dem Garten gehörten auch immer dazu. Dieses bewusste Einlegen und Warten bis zum Festmahl stellt den häufigen Fleischkonsum von Nani für uns in ein sehr achtsames und wertschätzendes Licht. Zudem wusste sie jeweils auch genau, von welchem Teil des Tieres wir ein Fleischstück konsumierten.

VITELLO TONNATO

«Passt zu heissen Sommertagen.»

	FLEISCH
5 dl	Weisswein
5 dl	Fleisch- oder Hühnerbouillon
1	besteckte Zwiebel
1	*Rüebli*
1	Stangensellerie
1 Bund	*Peterli*
einige	Pfefferkörner
etwas	Salz
800 g	Kalbfleisch (Nuss oder Laffe)

Weisswein und Fleischbouillon mit der besteckten Zwiebel, in Stücke geschnittenem *Rüebli* und Stangensellerie, *Peterli*, Pfefferkörnern und Salz aufkochen. Das Fleisch hineingeben und ca. für 1 ¼ Std. bei kleiner Hitze kochen lassen. Fleisch muss mit der Flüssigkeit bedeckt sein, wenn nicht, Wein oder Fleischbouillon nachgiessen. Nach 1 ¼ Std. Pfanne vom Herd nehmen und das Fleisch in der Brühe erkalten lassen. Das ausgekühlte Fleisch mit der Fleischmaschine in dünne Scheiben (ca. 2–3 mm) schneiden und schuppenartig auf einer flachen Platte anrichten.

	SAUCE
150 g	Thon
3	Sardellen
1	Eigelb
1 ½ EL	Zitronensaft
3 EL	Olivenöl
etwas	Salz
etwas	Pfeffer
1 EL	Kapern

Thon und Sardellen im Mixer pürieren. Eigelb und Zitronensaft unter ständigem Rühren beigeben. Dann das Olivenöl nach und nach beimischen. Mit ca. 2–4 EL der Kochbrühe vom Fleisch verdünnen, sodass eine dickflüssige Sauce entsteht. Mit wenig Salz und Pfeffer abschmecken. Kapern daruntermischen. Das Fleisch mit dieser Sauce gleichmässig überziehen und zugedeckt im Kühlschrank mehrere Std. ziehen lassen.

	GARNITUR
1	Zitrone
einige	schwarze Oliven

Ca. 1 Std. vor dem Servieren aus dem Kühlschrank nehmen, mit Zitronenscheiben, weiteren Kapern und schwarzen Oliven garnieren. Servieren mit Salat und Pariserbrot!

JOHANNISBEER-KUCHEN MIT MERINGUES-HAUBE

«Delikatesse, oh wie gern ich das esse.»

Für eine Springform von 26 cm ⌀

	BISKUITTEIG
80 g	Zucker
½ Pck	Vanillezucker
2	Eigelb
2 EL	Wasser
1 Prise	Salz
150 g	Mehl
2 TL	Backpulver
50 g	Butter

Als Erstes die Eier trennen und das Eiweiss für die Füllung aufbewahren. In einer Schüssel Zucker, Vanille, Eigelb und Wasser mit dem Mixer schaumig rühen, bis eine cremige Masse entsteht. Dann Salz, Mehl und Backpulver beigeben. Zum Schluss die flüssige Butter beigeben und alles mit dem Gummischaber zusammenmischen. Teig in eine mit Backpapier ausgekleidete und gebutterte Form giessen. Bei 170 Grad Umluft für ca. 15 Min. backen. Den gebackenen Kuchenboden aus dem Ofen nehmen, etwas auskühlen lassen.

	FÜLLUNG
2	Eiweiss
150 g	Zucker
300 g	Johannisbeeren

Für die Füllung Eiweiss mit dem Mixer steif schlagen und Zucker portionenweise beifügen. Wenn die Masse sehr steif ist, die Johannisbeeren dazugeben und alles sorgfältig mischen. Die Masse auf den Tortenboden geben und nochmals im Ofen bei 140 Grad Umluft für ca. 20 Min. trocknen.

SOMMER

JOHANNISBEER-SIRUP

«Eine Tradition, vererbt von der Grossmutter zur Mutter und weiter an die Tochter.»

1 l	Beerensaft
1 kg	Zucker
20 g	Zitronensäure-Pulver

Beeren entsaften. Wenn kein Entsafter vorhanden ist, die Beeren in einem Topf mit Wasser aufkochen und dann absieben durch ein Sieb oder Tuch. Zucker mit dem Saft in einer Pfanne vermischen und aufkochen. Das Zitronensäure-Pulver beigeben und dann nochmals zwei Mal aufkochen lassen. Anschliessend leicht erkalten lassen, in Flaschen abfüllen und verschliessen.

JOHANNISBEER-GELEE

«Das haben meine Vorfahren auch schon gemacht, denn im Hausgarten gab es immer Johannisbeer-Stauden.»

1 l	Fruchtsaft
800 g	Zucker
4 EL	Geliermittel

Beeren entsaften. Wenn kein Entsafter vorhanden ist, die Beeren in einem Topf mit Wasser aufkochen und dann Absieben durch ein Sieb oder Tuch. Fruchtsaft in Pfanne geben und mit 750 g Zucker mischen. Aufkochen unter ständigem Rühren. Das Geliermittel mit dem restlichen Zucker (50 g) mischen und erst gegen den Schluss beigeben. Danach den Gelee heiss in Gläser abfüllen bis oben zum Rand, mit Deckel verschliessen und die Gläser umkehren.

NANIS TIPP: Um Gläser vor Erhitzung und Sprung zu schützen, in warmem Wasser vorwärmen.

CHRIESIGONFI

«Chriesi gehören zu meinen Lieblingsfrüchten. Ich habe einen grossen Baum im Garten.»

1 kg	Kirschen
800 g	Zucker
4 EL	Geliermittel

Kirschen mit 750 g Zucker für ca. 10 Min. weich kochen. Geliermittel mit dem restlichen Zucker (50 g) mischen, erst am Schluss beigeben und für 5 Min. weiterrühren. Dann *Gonfi* heiss in Gläser abfüllen bis oben zum Rand, mit Deckel verschliessen und die Gläser umkehren.

NANIS TIPP: Um Gläser vor Erhitzung und Sprung zu schützen, in warmem Wasser vorwärmen.

CHRIESICHUECHE

«Sehr fein – sei es mit Kirschen, Aprikosen oder Zwetschgen.»

Für eine Springform von 26 cm ⌀

	GERIEBENER TEIG
250 g	Mehl
125 g	Butter
½ TL	Backpulver
50 g	Zucker
1	Ei
1 Msp	Salz
2–3 EL	Milch

	BELAG
± 500 g	Kirschen

	GUSS
5 dl	Rahm
2	Eier
1 EL	Maizena
1 ½ Pck	Vanillezucker
50 g	Zucker

Mehl in eine Schüssel sieben, Butter kalt dazugeben, in Flocken schneiden, mit den Händen verreiben, bis alles gleichmässig aussieht. Die restlichen Zutaten beigeben und zusammenkneten. Teig kühl stellen, kann auch am Vortag gemacht werden. Dann Teig auswallen und in die Form geben. Rand hochziehen und mit einer Gabel einstechen.

Kirschen entsteinen und auf dem Kuchen verteilen.

Für den Guss alle Zutaten verrühren und über die Früchte giessen.

Den Kuchen bei 180 Grad Umluft für 30 Min. backen.

NANIS TIPP: Für Aprikosenkuchen noch Zitronensaft in den Guss geben.

HIMBEERGLACE MIT MERINGUES

«Ein feines Dessert im Sommer, aber auch im Winter. Dieses Rezept stammt von meinem Schwager Georges.»

Für eine 30 cm lange Cakeform

1	Zitrone
400 g	Himbeeren – frisch oder gefroren
150 g	Puderzucker
4 dl	Rahm
12 Stk	Meringues-Schalen

Zitrone halbieren und Saft auspressen. Himbeeren, Puderzucker und Zitronensaft in eine Schüssel geben, mischen und durch ein feines Sieb streichen. Die gesiebte Fruchtmasse gut verrühren. Den Rahm steif schlagen und unter die Fruchtmasse ziehen. Die Meringues in kleine Stücke zerdrücken und beimischen.

Die Cakeform mit Frischhaltefolie auskleiden und anschliessend die Masse einfüllen und mit Folie bedecken. Die Cakeform bis zum Verzehr ins Gefrierfach stellen.

	MERINGUES
3	Eiweisse
150 g	Griesszucker
1 Prise	Salz

Meringues selber machen: Die Eiweisse sehr steif schlagen und dann den Zucker und die Prise Salz unter ständigem Mixen langsam beigeben. Die Masse mit einem Spritzsack oder 2 EL auf ein mit Backpapier belegtes Blech geben und im Ofen bei 100 Grad Umluft ca. 1 ½ Std. trocknen lassen. Mit einem breiten Messer die Meringues vom Blech lösen, solange sie noch etwas weich sind.

*Nanis Glace mit nur fünf Zutaten.
So simpel und so fein.*

Alles zusammenmischen, in die Cakeform füllen, gefrieren und geniessen.

QUARKTORTE MIT BEEREN

«Immer beliebt und eine Freude in unserer Familie.»

Mit Erdbeeren oder Himbeeren

	BISKUITTEIG
3	Eier
3 EL	heisses Wasser
90 g	Zucker
1 Pck	Vanillezucker
90 g	Weissmehl
1 Msp	Backpulver
30 g	Maizena

Als Erstes die Eier trennen. Wasser, Zucker und Vanillezucker cremig schlagen, bis die Masse gelb ist. Das Eiweiss zu Schnee schlagen. Weissmehl, Backpulver und Maizena zu Eischnee sieben und alles sorgfältig mit der Eigelbmasse zusammenmischen. Dann die Masse in die Tortenform giessen, dafür den Formboden mit Backpapier überziehen und den Rand einfetten. Bei 160 Grad Umluft für 20 Min. backen. Torte auskühlen lassen und in der Mitte durchschneiden, ergibt 2 Böden. Rand der Form putzen. Einen Boden mit einem frischen Papier erneut in die Form geben. Am Rand die Tortenform ebenfalls auskleiden.

	FÜLLUNG
2	Eier
200 g	Zucker
200 g	Magerquark
½ Pck	Vanillezucker
1	Zitrone
6 Blätter	Gelatine
2 ½ dl	Rahm

Für die Quarkmasse Eier, Zucker, Quark, Vanillezucker und geriebene Zitrone zu einer Creme verarbeiten. Die Gelatine-Blätter in kaltem Wasser einlegen. In einer Pfanne ca. ½ dl Zitronensaft erhitzen und wenn warm, Gelatine-Blätter ausdrücken und beigeben. Sobald die Gelatine aufgelöst ist, sorgfältig unter die Quarkmasse ziehen. Dann den Rahm steif schlagen und ⅔ davon unter die Quarkmasse ziehen. Den Rest behalten für Garnitur.

	BEEREN
± 800 g	Erdbeeren

Auf den vorbereiteten Tortenboden die gerüsteten und halbierten Erdbeeren verteilen. Quarkcreme darüberstreichen und im Kühlschrank die Torte fest werden lassen. Vor dem Servieren die Torte mit den restlichen Beeren und Rahm garnieren.

OFENKÜCHLEIN

«Ein Sonntagsdessert. Auch im Winter ohne Beeren fein.»

Ergibt ± 20 Stück

	GERÜHRTER TEIG
¼ l	Wasser
60 g	Butter
3 g	Salz
20 g	Zucker
125 g	Weissmehl
3–4	Eier

Wasser unter Zugabe von Butter, Salz und Zucker zum Kochen bringen. Pfanne von der Platte ziehen, das auf ein Backpapier gesiebte Weissmehl im Sturz hineingeben und tüchtig rühren, bis der Teig glatt ist. Die Pfanne wieder auf die warme Herdplatte zurückstellen und den Teig noch 1–2 Min. weiterrühren, bis er sich gut von der Pfanne löst.

Die gut verquirlten Eier Stück um Stück mit dem noch warmen Kloss unter tüchtigem Schlagen vermischen, bis der Teig glänzt. Kleine Teighäufchen mit 2 EL oder Spritzsack auf das vorbereitete Blech setzen. Bei 170 Grad Umluft für ca. 30 Min. backen. Während den ersten 20 Min. den Ofen nicht öffnen. Die Küchlein, wenn sie schön hellbraun sind, in schwacher Hitze noch gut austrocknen lassen. Mit breitem Messer vom Blech abheben, aufschneiden und erkalten lassen.

	FÜLLUNG
4 dl	Rahm
± 200 g	Himbeeren

Mit Schlagrahm und Beeren füllen.

NANIS TIPP: Nie heissen Ofen öffnen und Küchlein herausnehmen, sonst fallen sie zusammen. Erst öffnen, wenn der Ofen abgeschaltet und ausgekühlt ist.

SOMMER

KAFI COGNAC

«Im Sommer, wenn's zu heiss ist im Garten. Um den Kreislauf wieder anzukurbeln.»

1	Kafi
2 cl	Cognac

Kaffee schwarz ohne Zucker, daneben ein Shotglas mit Cognac. Immer abwechselnd einen Schluck nehmen.

Viva!

Herbst

«Herbst ist Erntezeit. Der Genuss von natürlich gewachsenem Gemüse und reifen Früchten ist der Lohn für die viele Arbeit. Ganz besonders freue ich mich auf die Quitten. Seit einigen Jahren besitze ich einen eigenen Baum.»

Fenchelsalat	107
Kürbissuppe	109
Capuns	115
Safranrisotto	117
Wildpfeffer	119
Chnöpfli	121
Kartoffelgratin mit Lauch	123
Pizzoccheri	125
Nanis Einmach-Tipps	128
Rumtopf	129
Birnenhonig	129
Randen süss-sauer	131
Karamellbirnen	135
Birnenbrot	137
Bündner Nusstorte	143
Nussbrot	145
Apfel-Omelette	149
Apfelkuchen	151
Quittengelee	153
Quittenpästli	153
Linzertorte	155

FENCHELSALAT

«Schmackhaftes Herbstgemüse.»

2–3	Fenchel
30 g	Rosinen
40 g	Baumnüsse
3	Ananasscheiben
etwas	Fenchelkraut

	SAUCE
2 EL	Rahm
100 g	Naturjoghurt
1 EL	Zitronensaft
1 EL	Ananassaft
etwas	Salz
etwas	Pfeffer
etwas	Currypulver

Fenchel mit einem Gemüsehobel in feine Streifen schneiden. Die Rosinen in etwas Wasser kurz einweichen, abtropfen lassen. Die Baumnüsse grob zerkleinern. Die Ananasscheiben in Würfel schneiden. Das Fenchelkraut etwas zerkleinern. Alle Zutaten in eine Salatschüssel geben.

Für die Sauce sämtliche Zutaten zusammen verquirlen und nach Belieben mit Salz, Pfeffer und Curry würzen. Mit dem Salat in der Schüssel gut vermischen.

KÜRBISSUPPE

«Im Herbst, wenn die Tage kürzer und kühler werden. Sie wärmt so angenehm. Kürbis war lange Zeit verpönt.»

1	Kürbis (z.B. Butternut)
1 l	Wasser
1	Zwiebel
4	Nelken
2	Lorbeerblätter
3 EL	Mehl
2 dl	Bouillon
etwas	Salz
etwas	Pfeffer
2 dl	Rahm
etwas	Schnittlauch

Kürbis schälen, in Stücke schneiden und im Wasser mit Zwiebeln, eingesteckt mit *Nägeli* und Lorbeerblättern, weich kochen. Danach Kürbismasse durchs Passevite geben oder mit dem Mixer pürieren. Dann Kürbispüree in einen Topf geben, Mehl dazustreuen und mit Bouillon aufkochen. Nach Belieben würzen. Rahm beim Anrichten der Suppe beifügen und die Suppe nach Gutdünken mit fein geschnittenem Schnittlauch dekorieren.

Mangold- und Kräuterernte in Nanis Garten.

Viele verschiedene frische Kräuter aus dem Garten sind Nanis Capunsgeheimnis.

HERBST

CAPUNS

«Währschaftes Gericht, das gut schmeckt. Einfach und preisgünstig.»

Ergibt ± 20 Stück

	TEIG
3	Eier
1 ½ dl	Milchwasser
1 TL	Salz
300 g	Mehl

Eier, Milchwasser und Salz in einer Schüssel vermischen. Mehl beifügen und gut verrühren. Den Teig mit der Kelle klopfen.

	FÜLLUNG
2 Paar	Landjäger
180 g	gekochter Schinken
1 Büschel	Kräuter vom Garten: *Peterli*, Krauseminze, Pfefferminze, Zitronenthymian

Für die Füllung die Landjäger schälen und würfeln und den Schinken in *Würfeli* schneiden. Das Büschel Kräuter fein schneiden. Alle Zutaten – ausser Thymian – kurz andünsten. Teig und Füllung zusammenfügen und gut mischen.

	PÄCKLI UND SAUCE
20	grosse Mangoldblätter
etwas	Butter
2 dl	Bouillon
1 dl	Milch

Die Mangoldblätter einzeln mit ca. 1 EL Masse füllen und zu einem *Päckli* rollen. Die Capuns-Päckchen in etwas Butter anbraten, mit Bouillon ablöschen und ca. 10 Min. in der Pfanne ziehen lassen. Danach erneut einen *Gutsch* Milch beifügen.

SAFRANRISOTTO

«Edel und mit frischen Pilzen ein Gedicht.»

3 EL	Rapsöl
1	Zwiebel
250 g	Risotto Reis (z.B. Arborio)
7 ½ dl	Bouillon
2	Lorbeerblätter
2 Beutel	Safran
etwas	Salz
etwas	geriebener Käse

In einer Pfanne Öl erhitzen, die fein gehackte Zwiebel beigeben, den Reis kurz andünsten und dann alles mit Bouillon ablöschen. Lorbeerblätter, Safran und evtl. etwas Salz beigeben. Weich kochen. Der Reis sollte aber noch Biss haben. Je nach Belieben Käse beifügen.

WILDPFEFFER

«Feines Essen im Herbst. Ich liebe es. Das Fleisch konnte ich immer von einem Jäger aus dem Dorf beziehen und selber in die Beize einlegen.»

	ROTKRAUT MIT MARRONI
½	Rotkohl
1 EL	Butter
1 EL	Zucker
½	Zwiebel
2 ½ dl	Rotwein
150 g	karamellisierte Marroni
1 EL	Bouillon
etwas	Salz
etwas	Pfeffer

Für das Rotkraut den Rotkohl fein schneiden. Butter, Zucker und Zwiebeln im Topf andünsten, bis es leicht karamellisiert. Dann Rotkohl und Marroni beigeben und andämpfen. Mit Rotwein ablöschen und mit Bouillon, Pfeffer und Salz würzen. Dann für ca. 20 Min. einkochen lassen, bis es weich ist.

	PREISELBEER-ÄPFEL
2	Äpfel
1 EL	Zucker
150 g	Preiselbeeren

Die Äpfel schälen, halbieren, rüsten und aushöhlen. Dann in einem Topf mit Zuckerwasser weich kochen. Zum Anrichten die Apfelhälften im Loch in der Mitte mit Preiselbeeren füllen.

	REHPFEFFER
1 l	Rotwein
2 dl	Essig
3	Zwiebeln
4–5	Nelken
3	Lorbeerblätter
einige	Wachholderbeeren
etwas	Pfeffer
etwas	Bohnenkraut
½	*Rüebli*
1 Bund	*Peterli*
etwas	Thymian
etwas	Salbei
± 1 kg	Rehfleisch (Voressen)
1 EL	Rapsöl
2 EL	Mehl

Für die Rehpfefferbeize alle Zutaten bis auf das Fleisch, Öl und Mehl in einen grossen Topf geben. Dazu die Zwiebeln mit den Nelken und den Lorbeerblättern bestecken. Alles aufkochen und dann auskühlen lassen. Das rohe Fleisch in einen Steintopf legen und die kalte Beize darübergiessen. Den Steintopf mit einem Tuch bedecken und das Ganze für 7–8 Tage ziehen lassen. Danach die Beize in ein separates Gefäss abgiessen und zur Seite stellen. Das gebeizte Rehfleisch in Öl in einer Bratpfanne anbraten. In einer zweiten Pfanne Mehl ohne Öl anrösten, bis es dunkel wird. Dann mit der Beize ablöschen. Dies ergibt die Sauce. Dazu passen *Chnöpfli*.

WILDPFEFFER

«Feines Essen im Herbst. Ich liebe es. Das Fleisch konnte ich immer von einem Jäger aus dem Dorf beziehen und selber in die Beize einlegen.»

	ROTKRAUT MIT MARRONI
½	Rotkohl
1 EL	Butter
1 EL	Zucker
½	Zwiebel
2 ½ dl	Rotwein
150 g	karamellisierte Marroni
1 EL	Bouillon
etwas	Salz
etwas	Pfeffer

Für das Rotkraut den Rotkohl fein schneiden. Butter, Zucker und Zwiebeln im Topf andünsten, bis es leicht karamellisiert. Dann Rotkohl und Marroni beigeben und andämpfen. Mit Rotwein ablöschen und mit Bouillon, Pfeffer und Salz würzen. Dann für ca. 20 Min. einkochen lassen, bis es weich ist.

	PREISELBEER-ÄPFEL
2	Äpfel
1 EL	Zucker
150 g	Preiselbeeren

Die Äpfel schälen, halbieren, rüsten und aushöhlen. Dann in einem Topf mit Zuckerwasser weich kochen. Zum Anrichten die Apfelhälften im Loch in der Mitte mit Preiselbeeren füllen.

	REHPFEFFER
1 l	Rotwein
2 dl	Essig
3	Zwiebeln
4–5	Nelken
3	Lorbeerblätter
einige	Wachholderbeeren
etwas	Pfeffer
etwas	Bohnenkraut
½	*Rüebli*
1 Bund	*Peterli*
etwas	Thymian
etwas	Salbei
± 1 kg	Rehfleisch (Voressen)
1 EL	Rapsöl
2 EL	Mehl

Für die Rehpfefferbeize alle Zutaten bis auf das Fleisch, Öl und Mehl in einen grossen Topf geben. Dazu die Zwiebeln mit den Nelken und den Lorbeerblättern bestecken. Alles aufkochen und dann auskühlen lassen. Das rohe Fleisch in einen Steintopf legen und die kalte Beize darübergiessen. Den Steintopf mit einem Tuch bedecken und das Ganze für 7–8 Tage ziehen lassen. Danach die Beize in ein separates Gefäss abgiessen und zur Seite stellen. Das gebeizte Rehfleisch in Öl in einer Bratpfanne anbraten. In einer zweiten Pfanne Mehl ohne Öl anrösten, bis es dunkel wird. Dann mit der Beize ablöschen. Dies ergibt die Sauce. Dazu passen *Chnöpfli*.

CHNÖPFLI

«Chnöpfli gehört zu Wild. Schmeckt besonders fein mit Paniermehl.»

4	Eier
2 dl	Milchwasser
etwas	Salz
400 g	Mehl
± 50 g	Butter
2 EL	Paniermehl

In einer Schüssel Eier, Milchwasser, Salz und Mehl zusammenmischen und mit Kelle klopfen, bis es Blasen wirft. Teig ca. 1 Std. ruhen lassen.

Wasser in Pfanne aufkochen und den Teig portionenweise durch das *Chnöpflisieb* ins kochende Wasser streichen. Ziehen lassen, bis sie aufsteigen. Dann herausnehmen, abtropfen. In einer Bratpfanne Butter schmelzen und Paniermehl anbraten. Auf *Chnöpfli* geben und servieren.

KARTOFFEL-GRATIN MIT LAUCH

«Wärmt die Seele und schmeckt gut.»

800 g	Kartoffeln
1	Lauchstängel
etwas	Salz
etwas	Pfeffer
4 dl	Rahm

Kartoffeln roh schälen und in Scheiben schneiden. Lauch in Ringe schneiden. Eine Auflaufform mit Butter ausstreichen und abwechselnd Kartoffeln und Lauch übereinanderlegen. Alles gut mit Salz und Pfeffer würzen. Die Form nur ⅔ füllen. Dann Rahm darübergiessen, bis die Kartoffeln bedeckt sind. Die Form mit Alufolie zudecken und für ca. 30 Min. bei 200 Grad Umluft in den geheizten Ofen geben. Dann die Alufolie wegnehmen und für die restlichen 10–15 Min. weiterbacken, bis die Oberseite dunkel wird.

PIZZOCCHERI

«Stammt aus dem Puschlav. Dorthin sind wir mit Lea und ihren Geschwistern einmal im Jahr mit der RhB gefahren.»

400 g	Pizzoccheri
2	*Rüebli*
2	Kartoffeln
¼	Wirz
½	Kohlrabi
1 Stk	Lauch
2 TL	Salz
50 g	Butter
12	Salbeiblätter
etwas	geriebener Käse

Gemüse und Teigwaren im Salzwasser gar kochen (was länger braucht zuerst). Dann absieben und abtropfen lassen. Die Butter in die Pfanne geben und die Salbeiblätter anbraten. Gemüse und Pizzoccheri ebenfalls in die Pfanne geben und alles mischen. Anrichten und mit Käse bestreuen. Allenfalls mit *Salamirädli* servieren.

NANIS TIPP: Pizzoccheri us em Pack, zum Beispiel aus dem Puschlav von Molino e Pastificio SA.

Nanis Einmach-Tipps

Nanis Keller ist voll mit Einmachgläsern, Flaschen und Karaffen mit *Gonfi*, Sirup, eingelegtem Gemüse, eingemachten Früchten und Obstschnäpsen wie ihr *Rötali*. So füllt sie jedes Jahr unzählige Gläser mit Früchten und Gemüse aus dem Garten. Einerseits weil mehr wächst, als sie essen mag. Andererseits weil es für Nani nichts Feineres gibt, als am 1. Advent ihren Rumtopf zu öffnen und die Sommerfrüchte gemeinsam mit einer Kugel Vanilleglace zu geniessen oder an Neujahr mit *Rötali* anzustossen.

NANIS TIPP: Um Gläser vor Erhitzung und Sprung zu schützen, in warmem Wasser vorwärmen.

RUMTOPF

Rückblick auf den Sommer: Es werden gut erlesene, saubere, getrocknete, nicht überreife Früchte lagenweise in einen Steintopf oder Glas eingelegt.

	ANFANG
500 g	Früchte
500 g	Zucker
1 Flasche	weisser Rum

	NACHFÜLLEN
500 g	Früchte
250 g	Zucker

Einfüllen, nur einmal so viel Zucker wie Früchte abwägen. Mit Rum übergiessen, bis die Früchte 2 cm überdeckt sind.

Nun ca. alle 3 Tage auffüllen, aber jetzt nur noch die Hälfte Zucker mit Früchten mischen, jeweils Rum nachgiessen und Früchte dazugeben. Besonders eignen sich Trauben, Melonen, Birnen, Zwetschgen.

Zum 1. Advent kann der Rumtopf geöffnet werden. Schmeckt sehr gut zusammen mit Vanilleglace. Topf muss immer luftdicht verschlossen werden. Das heisst doppelte Frischhaltefolie darüberspannen und mit Küchenschnur zubinden!

BIRNENHONIG

«Wenn ich zu viele Birnen habe, mache ich Birnenhonig. Ist sehr fein für den Winter.»

1 l	Birnensaft
800 g	Zucker
4 EL	Geliermittel

Birnen ungeschält in grobe Stücke schneiden, in eine Pfanne geben und mit Wasser aufgiessen, bis fast alle Früchte bedeckt sind. Auf mässiger Hitze langsam weich kochen. Über Nacht stehen lassen. Am Morgen wieder erhitzen bis zum Kochen. Etwas auskühlen lassen und den Saft von der Fruchtmasse trennen. Auf 1 Liter Saft 750 g Zucker beigeben und zusammen langsam zu Gelee einkochen. Geliermittel mit restlichem Zucker (50 g) etwas vermischen und am Schluss beigeben. Noch heiss in Gläser abfüllen.

NANIS TIPP: Restliche Fruchtmasse zu Birnenmus verarbeiten. Passt super zu Maluns.

RANDEN SÜSS-SAUER

*«Vorrat für den Winter.
Immer parat, wenn's pressiert.»*

Für ± 6 Gläser

1 kg	Randen
2 l	Wasser
1 l	Essig
1 EL	Salz
5 EL	Zucker
1	Zimtstange
1 EL	Pfefferkörner
10	Lorbeerblätter

Randen kochen, schälen, in Scheiben schneiden und in Gläser verteilen. Wasser-Essig-Flüssigkeit mit Gewürzen aufkochen, abkühlen und dann in Gläser füllen, bis das Glas ca. ⅔ voll ist und die Randen bedeckt sind. Beim Einfüllen aufpassen, dass es in jedem Glas mind. ein Lorbeerblatt hat. Gläser in den Sterilisiertopf stellen und mit Wasser aufgiessen. Wasser bis ca. 80 Grad kochen und dann so für 40 Min. ziehen lassen. Alternativ ist es auch möglich, im Backofen oder im Steamer zu sterilisieren.

NANIS TIPP: Gekochte Randen in kaltes Wasser geben, dann kann die Schale einfacher abgestreift werden.

Es wird Herbst in Nanis Garten.

Zeit zum Ernten und Einmachen.

KARAMELL-BIRNEN

«Herbstliches Dessert, schmeckt besonders fein mit Birnen aus meinem Garten.»

3 dl	Wasser
4 EL	Zucker
4	Birnen
4 TL	Maizena
2 dl	Rahm

In einem Topf 3 dl Wasser mit 1 EL Zucker aufkochen. Sobald es kocht, entkernte Birnenhälften dazugeben und weich kochen. Birnen herausnehmen und Birnenwasser beiseitestellen.

In einer anderen Pfanne 3 EL Zucker schmelzen und mit dem Birnenwasser von vorher ablöschen. Dann aufkochen, bis das Wasser zu Karamell wird. Nicht zu lange, sodass es zwar braun ist, aber nicht bitter schmeckt.

Maizena in wenig Wasser auflösen, beigeben und für 1 Min. aufkochen. Dann erkalten lassen. Rahm steif schlagen und darunterrühren.

Zum Servieren die Karamellcreme über die Birnenhälften geben.

BIRNENBROT

«Früher hatte fast jede Familie einen Birnbaum mit speziellen Birnen, die sich gut eigneten zum Dörren. Im Dorf gab es eine Dörrerei, die mit Holz betrieben wurde. Dort konnte jede Familie ihre eigenen Birnen dörren. Das habe ich dazumal in Trimmis noch erlebt. Frisch gedörrte Birnen, noch nicht ganz trocken, das habe ich als Schulkind sehr gerne gehabt.»

Ergibt ± 5 Stück

HEFETEIG

1 kg	Mehl
80 g	Butter
1	Hefewürfel
1 EL	Salz
6 dl	Wasser

Für den Hefeteig als Erstes das Mehl in eine Schüssel geben und in der Mitte eine Vertiefung machen. Das Salz rundherum streuen. Hefe mit etwas Wasser separat anrühren, in die Vertiefung geben und ein *Teigli* machen. Die weiche Butter und den Rest vom Wasser beigeben und zu einem glatten Teig kneten. Dann für 20–30 Min. aufgehen lassen.

BIRNENMASSE

1 kg	Dörrbirnen
50 g	*Birabrot*-Gewürze: Koriander, Zimt, Sternanis, Anis und Gewürznelken
200 g	Baumnüsse
150 g	Sultaninen
100 g	Citronat
100 g	Orangeat
1 dl	Kirsch
100 g	Zucker
2–3 dl	Rotwein

Dörrbirnen rüsten, in kleine Scheiben schneiden und in grosse Schüssel geben. Gewürze dazugeben und vermengen. Die Baumnüsse fein hacken und die Feigen klein schneiden. Zusammen mit dem in Kirsch eingelegten Citronat und Orangeat dazugeben. Den Zucker im Rotwein auflösen und ebenfalls beigeben. Dann die Birnenmasse zudecken und ziehen lassen.

Die Hälfte des Teigs zur Birnenmasse dazugeben und durchkneten. Eine Handvoll Teig nehmen, ausrollen, und Birnenmasse zu einer Wurst formen und darauflegen, Teig einschlagen und Birnenmasse einpacken. Damit Teig besser klebt, am Rand mit Wasser bestreichen. Auf dem Blech nochmals ca. 20 Min. aufgehen lassen.

Nach Belieben den Rest vom Teig mit Guetzli-Formen ausstechen und Brot damit schmücken. Danach mit Eigelb bestreichen und *ab in Ofe* bei 180 Grad Umluft für ca. 30 Min.

BÜNDNER NUSSTORTE

«Spezialität. Hauptsächlich in der Adventszeit. Neni hat uns dazu immer die Nüsse geknackt.»

Für eine Springform von 26 cm ⌀

GERIEBENER TEIG
400 g	Weissmehl
200 g	Zucker
200 g	Butter
1 Prise	Salz
1 TL	Backpulver
2	Eier

FÜLLUNG
250 g	Baumnüsse
300 g	Zucker
50 g	Mandelsplitter
2 dl	Rahm
1 EL	Bienenhonig

Mehl, Zucker, Butter, Salz und Backpulver zusammenmischen und zwischen den Händen verreiben. Nach und nach Eier beigeben. Alles zu einem festen Teig zusammenkneten und für 2–3 Std. oder über Nacht in den Kühlschrank stellen.

Für die Füllung zuerst die Baumnüsse zerkleinern. Dann den Zucker in der Pfanne leicht braun werden lassen, die Nüsse und Mandeln dazugeben und mitrösten. Pfanne vom Herd nehmen und den Rahm und Honig dazugeben. Gut vermischen und auskühlen lassen.

Nun das Ganze in Form bringen: Den Boden der Springform mit Backfolie überziehen, den Rand der Form gut einfetten und bemehlen. Gut ⅓ des Teigs für den Deckel aufheben. Den restlichen Teig auswallen und in die Form geben und damit Boden und Rand formen. Dann Füllung reingeben und gut verteilen. Den Rand oben mit Wasser befeuchten und den ausgewallten Teigdeckel darüberlegen. Mit einer Gabel Rand verzieren. Mit dem restlichen Teig Deckel dekorieren und mit Ei bestreichen. Den Kuchen in den kalten Ofen geben.

Bei 250 Grad Umluft für 15 Min. backen, dann auf 180 Grad zurückschalten und nochmals 20–25 Min. weiterbacken. Kuchen aus dem Ofen und auch möglichst bald aus der Form nehmen.

NANIS TIPP: Nach 2–3 Tagen ist die Nusstorte besser, weil vorher zu frisch und Füllung noch zu flüssig.

NUSSBROT

*«Fein im Herbst, wenn unser Baum
die Nüsse auf den Boden fallen lässt.
Dazu frischer Alpkäse.»*

*Für ein grosses
oder zwei kleine Brote*

450 g	Dinkel-/Vollkornmehl
300 g	Weissmehl
¾	Hefe
2 TL	Salz
4 ½ dl	Wasser
40 g	Baumnüsse

Alle Zutaten bis auf die Nüsse in einer Schüssel zusammengeben, kneten und für 20–30 Min. aufgehen lassen. Dann die zerkleinerten Baumnüsse dazugeben, kneten und nochmals kurz aufgehen lassen. Je nach Belieben formen.

Im vorgeheizten Ofen bei 200 Grad Umluft für 40–50 Min. backen (je nach Grösse des Brotlaibs). Allenfalls gegen Ende auf 180 Grad zurückschalten.

APFEL-OMELETTE

«Herbstgericht, wenn die Äpfel im Garten reifen.»

Ergibt ± 14 Stück

2	Eier
4 dl	Milchwasser
½ TL	Salz
200 g	Mehl
2–3	Äpfel
1 TL	Rapsöl

Eier aufschlagen und mit Milchwasser und Salz verrühren. Dann nach und nach Mehl beigeben und zu einem glatten Teig verrühren. Zugedeckt stehen lassen. Äpfel in kleine *Stückli* schneiden und in den Teig geben. Öl in Pfanne geben und erhitzen. Stück für Stück Teig in Pfanne geben und dünne Omelette beidseitig goldbraun backen.

NANIS OMELETTEN-VARIANTEN:
1. Mit Zimt-Zucker bestreuen und einrollen. Kompott oder Apfelmus dazu!
2. Salzig mit Kräutern, klein geschnitten und so mitbacken.
3. Schinken auf die fertige Omelette legen und einrollen. Salat passt dazu.

APFELKUCHEN

«Schneller, preiswerter, einfacher, aber feiner Kuchen.»

Für eine Springform von 26 cm ⌀

	TEIG
125 g	Butter
125 g	Zucker
2–3	Eier
½	Zitrone
¼ TL	Salz
200 g	Mehl
2 TL	Backpulver
1–4 EL	Milch

Butter schaumig rühren und nach und nach Zucker, Eier, 1 EL Zitronensaft, eine halbe geriebene Zitrone und Salz beifügen. Das mit Backpulver gemischte und gesiebte Mehl wird löffelweise unter die Biskuitmasse gerührt. Wenn der Teig fester wird, so viel Milch dazugeben, bis er schwer reissend vom Löffel fällt. Der Teig wird in eine gefettete Springform gefüllt und mit einem Esslöffel, der häufig ins Wasser getaucht wird, glatt gestrichen.

	BELAG
700 g	Äpfel

Für den Belag werden die Äpfel geschält, in Viertel geteilt und mehrmals der Länge nach eingeschnitten. Kranzförmig auf den Teig legen. Die Äpfel sollten den Rand der Form nicht berühren.

	GARNITUR
etwas	Puderzucker

Den Rost mit der Backform in die Mitte des Ofens schieben. Bei 170 Grad Umluft für ca. 40 Min. backen. Zum Schluss mit Puderzucker garnieren.

QUITTENGELEE

«Ich habe ein eigenes kleines Bäumli im Garten. Ich ernte diese im Oktober.»

Aus den eingekochten Quitten mache ich Quittenmus. Das esse ich gerne zu Maluns. Aus Quittenmus mache ich auch Pästli. Aus dem Fruchtsaft gibt es feinen Quittengelee.

1 l	Quittensaft
1 Beutel	Hagebuttentee
800 g	Zucker
4 EL	Geliermittel

Quitten abreiben und in 4–6 Stücke teilen. Nicht schälen, da sich unter der Schale sowie im Kerngehäuse die Gallertstoffe befinden. Quittenstücke in grosse Pfanne geben und mit Wasser aufgiessen, bis Früchte fast bedeckt sind. Auf mässiger Hitze langsam weich kochen. Über Nacht stehen lassen. Am Morgen wieder erhitzen bis zum Kochen. 1 Beutel Hagebuttentee zugeben, gibt eine schöne Farbe! Etwas auskühlen lassen und den Saft von der Fruchtmasse trennen. Dann den Fruchtsaft in Pfanne geben und mit 750 g Zucker mischen. Unter ständigem Rühren aufkochen. Das Geliermittel mit dem restlichen Zucker (50 g) mischen und erst gegen den Schluss beigeben. Danach den Gelee heiss bis oben zum Rand in Gläser abfüllen, mit Deckel verschliessen und die Gläser umkehren.

NANIS TIPP: Um Gläser vor Erhitzung und Sprung zu schützen, in warmem Wasser vorwärmen.

QUITTENPÄSTLI

«Feines Fruchtguetzli.»

1 kg	Quittenrückstände
500 g	Griesszucker
etwas	Zimt oder Nelkenpulver

Rückstände (gekochte und abgesiebte Früchte) von Quittengelee durch das Passevite treiben und die Menge wägen. Dann das Püree mit gut halb so viel Griesszucker vermischen und in eine Pfanne geben. Pfanne nur zur Hälfte füllen! Zum Verfeinern Zimt oder Nelkenpulver beigeben. Auf guter Hitze unter stetem Rühren einkochen, bis sich die Masse von der Pfanne löst. Fruchtmus auf einer flachen Platte ausstreichen (nur ca. 1 cm dick). Während einigen Tagen trocknen lassen. In verschobene Vierecke schneiden, evtl. etwas nachtrocknen lassen und in einer Büchse aufbewahren!

LINZERTORTE

«Hausspezialität, sehr gut mit Johannisbeergelee und Himbeergonfi gemischt.»

Für eine Springform von 26 cm ⌀

	GERÜHRTER TEIG
175 g	Butter
175 g	Zucker
2	Eier
1	Zitronenschale
1 EL	Rum
1 Prise	Salz
½ TL	Zimt
1 Prise	Nelkenpulver
200 g	Mehl
200 g	gemahlene Haselnüsse oder Mandeln

Teig herstellen: Die in Stücke zerteilte Butter in der erwärmten Schüssel schaumig rühren. Zucker und Eier mitrühren. Die Masse tüchtig rühren, bis sie weisslich und schaumig ist. Dann die geriebene Zitronenschale, den Rum und die Gewürze beigeben. Mehl sieben und Haselnüsse beigeben und alles sorgfältig mischen. ⅔ des Teigs auswallen und auf den vorbereiteten Formboden (mit Backpapier bespannt und Rand gut eingefettet) verstreichen. Rand etwa 1 cm hochziehen und Boden mit Gabel einstechen.

	FÜLLUNG
1	Eigelb
450 g	*Gonfi:* Johannisbeergelee und Himbeerkonfitüre

Mit etwas Eigelb den Rand bestreichen. Die Konfitüre auf dem Teig verteilen und schön verstreichen.

Übriger Teig auswallen, mit Eigelb bestreichen, mit dem *Teigrädli* in Streifen schneiden und über den Kuchen legen. Die Torte bei 180 Grad Umluft für 30 Min. backen.

NANIS TIPP: Als Erstes ⅓ des Teigs auswallen, und damit er schön kalt ist, ins Gefrierfach legen. Für die Dekoration der Torte in Streifen schneiden.

Winter

«Der Winter bringt Ruhe in mein Leben. Ich backe Birabrot und Weihnachtsguetzli.»

REZEPTE WINTER

Wintersalate	161
Gerstensuppe	163
Siedfleischsalat	165
Zwiebelwähe	167
Maluns	169
Fleischvögel mit Polenta	171
Rosenkohl	173
Kohlwickel	177
Gefüllter Wirzkopf	179
Suurbrate	181
Käseschnitten	185
Churer Fleischtorte	187
Eierstich	187
Sulz	189
Gefüllte pikante Gipfel	191
Partybrot	191
Dampfnudeln mit Vanillesauce	193
Nanis Biescht	196
Zimtpittli	201
Brabanzerl	203
Chräbeli	205
Kleine Lebkuchen	207
Neujahrspita	209
Rötali	211

WINTERSALATE

«Für mich waren das Vorräte, die im Keller gelagert werden konnten.»

RANDENSALAT

600 g	Randen
	SAUCE
4 EL	Rapsöl
3 EL	weisser Essig
1 TL	Senf
1 TL	Salz
etwas	Pfeffer

Die Randen kochen, schälen und in kleine Würfel schneiden. Dann Sauce dazugeben und geniessen.

SELLERIESALAT

600 g	Sellerie
einige	Baumnüsse
2	Ananasscheiben
	SAUCE
2 EL	Rapsöl
2 EL	Rahm
1 EL	Mayonnaise
2 dl	Zitronensaft
1 TL	Senf
1 TL	Salz

Sellerieknolle roh schälen, fein an Bircherraffel reiben und in eine Schüssel geben. Sauce mischen und dazugeben. Für Selleriesalat à la Nani mit Baumnüssen und Ananaswürfel garnieren.

CHABISSALAT

600 g	Weisskabis
150 g	*Speckwürfeli*
	SAUCE
1 EL	Rapsöl
3 EL	weisser Essig
1 EL	Kümmel
1 TL	Salz
etwas	Pfeffer

Chabis an Bircherraffel fein reiben und in eine Schüssel geben. *Speckwürfeli* in einer Pfanne anbraten und noch warm mit dem Bratfett über den Salat geben. Mit einem Deckel die Schüssel zudecken und den Salat ziehen lassen. Dann Sauce mischen und darübergeben.

GERSTENSUPPE

«Einfach und gut. Vollwertige Mahlzeit mit Rollschinken und Brot.»

100 g	Borlotti-Bohnen
½	Wirz
2	*Rüebli*
1	Sellerieknolle
⅓	Lauch
½ EL	Butter
4 l	Wasser
140 g	Gerste
1	Zwiebel
2	Lorbeerblätter
4	Nelken
etwas	Schnittlauch

Bohnen in einem Becken mit Wasser für ca. 5 Std. einweichen. Gemüse rüsten, fein schneiden oder würfeln. In einer Pfanne Butter erwärmen, Gemüse andünsten und zur Seite stellen. Wasser in einem Topf aufkochen und Gersten und Bohnen dazugeben. Die Zwiebel mit Nelken und Lorbeerblättern bestecken und dem Topf beigeben. Alles für ca. 1 ½ Std. kochen lassen. Dann das Gemüse beigeben und für ca. 20 Min. fertig kochen. Mit Schnittlauch servieren.

NANIS TIPP: Rollschinken zur Suppe dazugeben und im Topf mitkochen lassen.

SIEDFLEISCH-SALAT

«Ein Spar-Rezept, weil drei Mittagessen davon zubereitet werden können.»

1. *Suppe und warmes Siedfleisch mit Senf und Brot*
2. *Bratkartoffeln mit kaltem Siedfleisch*
3. *Gschwellti mit Siedfleischsalat*

	FLEISCH
1 l	Wasser
2	Zwiebeln
3	Nelken
1	Lorbeerblatt
etwas	Salz
einige	Pfefferkörner
1	*Rüebli*
½	Lauch
½	Sellerie
500 g	mageres Rindfleisch
	SAUCE
1 TL	Senf
½ TL	Kräutersalz
¼ TL	Pfeffer
5 EL	weisser Essig
½ dl	Öl
	GARNITUR
1	Peperoni
4	Essiggurken
1	rote Zwiebel

Alle Zutaten für die Brühe in eine grosse Pfanne geben. Dabei die Zwiebeln mit den Nelken und Lorbeerblättern bestecken. Das Rindfleisch in der Brühe weich kochen und für 40 Min. ziehen lassen. Die Brühe kann für Suppe mit Gemüse oder *Flädli* verwendet werden. Das Fleisch für den Salat abkühlen lassen und anschliessend in mundgerechte *Häppli* schneiden.

Die Zutaten für die Sauce in einer Schüssel zusammenmischen und das geschnittene Fleisch darin ziehen lassen.

Danach die Peperoni, Essiggurken und Zwiebeln in kleine Stückchen und Scheiben schneiden und zum Salat dazugeben. Mischen.

ZWIEBELWÄHE

«Nahrhaft und bekömmlich! Besonders für Manne geeignet wegen dem Speck!»

	GERIEBENER TEIG
250 g	Weissmehl
80 g	Butter
1 dl	Wasser
1 TL	Essig
1 TL	Salz

	FÜLLUNG
50 g	*Speckwürfeli*
500 g	Zwiebeln
2 EL	Mehl
½ TL	Salz
etwas	Pfeffer
1 Msp	Muskat
½ TL	Kümmel
1 ½ dl	Milch
2	Eier

Mehl in eine Schüssel sieben, Butter dazugeben, in Flocken schneiden, mit den Händen verreiben, bis alles gleichmässig aussieht. Die restlichen Zutaten beigeben und zusammenkneten. Teig kühl stellen. Kann auch am Vortag gemacht werden.

Speck im Fett glasig braten. Dann Zwiebeln in feine Ringe schneiden, dazugeben und mitdämpfen. Anschliessend Mehl beigeben und mit Salz, Pfeffer, Muskat und Kümmel würzen. Zum Schluss Milch beifügen und alles aufkochen. Dann Pfanne von der Platte nehmen und etwas auskühlen lassen. Eier verquirlen und unter die Masse geben.

Backblech mit Kuchenteig belegen, mit Gabel einstechen und die Füllung auf den Teig geben. Wähe bei 180 Grad Umluft für ca. 30 Min. backen.

MALUNS

«Leibspeise von Lea!»

	MALUNS
660 g	Kartoffeln
3 TL	Salz
300 g	Mehl
1 EL	Rapsöl
40 g	Butter

Die Kartoffeln ganz kochen, schälen und dann an grosser Reibe raffeln. Salz und Mehl dazugeben und alles mischen, bis es kleine, runde Krümel sind. Die Kartoffelmasse mit Rapsöl in Bratpfanne kurz anbraten, dann alles rausnehmen. Grosszügig Butter in Pfanne geben und langsam unter ständigem Wenden goldbraun rösten. Mit Apfelmus servieren.

	APFELMUS
6	Äpfel
1 dl	Wasser
2 EL	Zucker

Dafür die Äpfel schälen, in Stücke schneiden und weich kochen. Dann pürieren und Zucker dazugeben.

FLEISCHVÖGEL MIT POLENTA

«Das kenne ich seit der Lehrzeit meines ersten Berufes. Das hat uns Gotta Miggi beim gemeinsamen Mittagessen aufgetischt.»

	FLEISCHVÖGEL
8	dünn geschnittene *Rindsplätzli*
etwas	Salz
etwas	Pfeffer
3	Zwiebeln
2 Büschel	*Peterli*
8	*Brotstängeli* von trockenem Brot
8	Specktranchen
16	Zahnstocher
1 EL	Bratbutter
2 EL	Mehl
2–3 dl	Bouillon
2 dl	Rotwein
2	Lorbeerblätter
2	Nelken
	POLENTA
± 1 l	Wasser
etwas	Salz
½ EL	Bouillon
250 g	Bramata (grobkörnige Polenta)
50 g	Parmesan
1 EL	Butter

Rindsplätzli klopfen und mit Salz und Pfeffer würzen. Zwiebeln und *Peterli* fein schneiden und auf den *Plätzli* verteilen. Dann die *Brotstängeli* mit Specktranchen umwickeln und auf das Fleisch legen. Zusammenrollen und mit Zahnstocher befestigen. Im heissen Butterschmalz anbraten. Fleischvögel herausnehmen und zur Seite stellen. Mehl in der gleichen Pfanne rösten. Mit Bouillon und Rotwein ablöschen. Danach die Fleischvögel wieder in die Pfanne geben und bei schwacher Hitze mit Lorbeerblättern und Nelken weich kochen. Nach Belieben erneut mit Salz und Pfeffer würzen. Die Vögel in Auflaufform oder grossem Topf bei 150 Grad Umluft zugedeckt für ca. 20 Min. schmoren.

Dazu passt Polenta: Dafür Wasser mit Salz und Bouillon aufkochen, danach Hitze reduzieren. Grobkörnige Polenta beigeben und ca. 40 Min. kochen lassen. Nach Belieben Parmesan und Butter dazugeben.

ROSENKOHL

«Feines Gemüse. Schon im Herbst verfügbar.»

400 g	Rosenkohl
± 1 l	Wasser
1 TL	Salz
20 g	Butter
1	Zwiebel
2 dl	Bouillon
etwas	Pfeffer
½ dl	Rahm

Rosenkohl rüsten und im Salzwasser aufkochen, herausnehmen und abkühlen lassen. Butter in einer Pfanne schmelzen. Zwiebeln, fein gehackt, darin andämpfen. Rosenkohl dazugeben und mit Bouillon ablöschen. Mit Pfeffer würzen. Kurz vor dem Servieren Rahm dazugeben.

KOHLWICKEL

«Eine weitere Variante von Familie Kohl.»

	FÜLLUNG
2 EL	Öl
400 g	Hackfleisch (Rind oder ½ Rind, ½ Schwein)
1	Zwiebel
etwas	Salz
etwas	Pfeffer
etwas	Paprika
1	Lorbeerblatt
2	Nelken
2 EL	Mehl
2–3 dl	Gemüsebouillon
2 dl	Rotwein
	KOHL
1	Weisskohlkopf
	GARNITUR
etwas	Käse
etwas	Butter

Öl in einer Pfanne erhitzen. Das Fleisch kurz anbraten, bis es nicht mehr rot aussieht.

Gehackte Zwiebeln zum Fleisch geben. Kurz umrühren und mitdünsten. Mit Salz, Pfeffer und Paprika würzen, nicht zu viel und nicht zu wenig. Lorbeerblatt und Nelken dazugeben. Das Mehl gleichmässig über das Fleisch verteilen, umrühren und mitrösten. Mit Gemüsebouillon und Rotwein ablöschen und ca. 20 Min. köcheln lassen.

Die Kohlblätter kurz in kochendes Wasser legen, herausnehmen und mit der Masse füllen. In eine Auflaufform geben, etwas Flüssigkeit darübergiessen.

Mit geriebenem Käse bestreuen, *Butterflöckli* dazugeben und bei 180 Grad Umluft für ca. 20 Min. im Ofen garen.

GEFÜLLTER WIRZKOPF

*«Gehört auch zur Familie Kohl.
Dazu passen Bratkartoffeln.»*

	GEMÜSE	
1	ganzer Wirzkopf (± 750 g)	
± 1 l	Wasser	
2 TL	Salz	

Wirzkopf in einzelne Blätter zerlegen, dicke Rippen abschneiden, und waschen. Salzwasser aufkochen und Blätter kurz blanchieren.

	FÜLLUNG
20 g	Butter
1	Zwiebel
300 g	Hackfleisch
50 g	*Brotwürfeli*
½	*Rüebli*
1 Bund	*Peterli*
etwas	Salz
etwas	Pfeffer

Für die Füllung Butter in Pfanne schmelzen und die fein gehackte Zwiebel andämpfen, Hackfleisch dazugeben und *Brotwürfeli* mitbraten. *Rüebli* und *Peterli* fein gehackt beigeben. Nach Belieben mit Salz und Pfeffer abschmecken.

	SAUCE
2 EL	Mehl
2 dl	Bouillon
1 Msp	Muskat
2 EL	Weisswein
30 g	Butter
1 ½ dl	Bouillon

Für die Sauce Mehl, Bouillon, Muskat und Weisswein in einer Pfanne aufkochen und zur Füllung geben. Die Füllung muss dicklich und kräftig sein.

Eine Schüssel mit Wirzblättern auskleiden, Blattspitzen nach unten zur Schüsselmitte legen. Mit einer Schicht Füllung bestreichen, wieder eine Lage Blätter belegen und mit Füllung bestreichen. So weiter einfüllen, bis alles aufgebraucht ist. Den Krautkopf in eine Pfanne oder Auflaufform stürzen, mit geschmolzener Butter übergiessen und Bouillon dazugeben. Auf dem Herd oder im Ofen bei 170 Grad Umluft für ca. 1 ¼ Std. garen.

SUURBRATE

«Sehr gutes Sonntagsmenü. An kalten Wintertagen wärmt die Weinsauce.»

1 l	Rotwein
1 dl	Essig
½ dl	Rapsöl
2 TL	Salz
1	Zwiebel
3–4	Nelken
2	Lorbeerblätter
1 EL	Pfefferkörner
einige	Wachholderbeeren
1	*Rüebli*
± 1 kg	Rindfleisch (Laffe oder Stotzen)
1 Bund	Rosmarin
1 Bund	Thymian
1 Bund	*Peterli*
3 EL	Mehl
etwas	Salz
etwas	Pfeffer

Für die Weinbeize alle Zutaten in der Liste bis zum Fleisch einkochen und erkalten lassen. Dafür die Zwiebeln mit Nelken und Lorbeerblättern bestecken, die Wachholderbeeren zerquetschen und das *Rüebli* in grobe Stücke schneiden. Dann Flüssigkeit in einen grossen Schmortopf giessen und Fleisch hineinlegen. Rosmarin, Thymian und *Peterli* am Bund beigeben. Das Fleisch muss mit Flüssigkeit bedeckt sein, sonst täglich wenden. Den Topf mit einem Küchentuch zudecken und mit einer Küchenschnur zubinden. An einem kühlen Ort (z.B. Keller) 5–6 Tage in der Beize liegen lassen. Dann Fleisch würzen, anbraten und herausnehmen. Mehl im Öl braun dünsten und mit Beize ablöschen. Zu einer Sauce einkochen, nach Belieben mit Salz und Pfeffer nachwürzen.

In einem Schmortopf Fleisch mit Sauce im Ofen bei 200 Grad Umluft für 1 Std. garen. Wenn's zu viel kocht, nach einer halben Std. auf 130 Grad herunterschalten.

KÄSESCHNITTEN

«Einst Restenverwertung von Brot.»

± 200 g	Käse
3	Eier
1 dl	Milch
½ TL	Salz
etwas	Muskat
etwas	Pfeffer
2 EL	Mehl
4	Brotscheiben
1 EL	Butter

Käse, Eier, Milch, Salz und Mehl zusammenrühren und nach Belieben mit Muskat und Pfeffer würzen. Dann die Brotscheiben darin wenden und in einer Bratpfanne mit Butter auf beiden Seiten goldbraun anbraten.

NANIS TIPP: Altes Brot in Milch einweichen.

CHURER FLEISCHTORTE

«Festtagsessen, sehr bekömmlich und gut.»

	KUCHENTEIG
350 g	Mehl
175 g	Butter
1	Eigelb
½ Tasse	lauwarmes Wasser
etwas	Salz

Alle Zutaten in eine Schüssel geben und einen Teig herstellen. Ruhen lassen, ⅔ davon auswallen und das vorbereitete Kuchenblech damit belegen.

	FÜLLUNG
300 g	Schweinehackfleisch
300 g	Kalbshackfleisch
50 g	Speck
1 dl	Rahm
1	Brötli
± 1 dl	Milch
etwas	Rapsöl
1	Zwiebel
1 Bund	*Peterli*
etwas	Salz
etwas	Muskat
1	Ei

Das Hackfleisch und den Speck in einer Schüssel mit dem Rahm gut mischen. Das *Brötli* klein schneiden und in heisser Milch einweichen. Die Zwiebeln und *Peterli* fein schneiden und im Öl andämpfen. Dann alle Zutaten mischen und nach Belieben würzen.

Die Füllung auf den Teig geben, den Rest des Teigs auswallen, über das Ganze legen, mit Ei bestreichen und bei 220 Grad Umluft für 50 Min. backen.

EIERSTICH

«Festtagssuppe!»

2	Eier
¼ TL	Salz
3 EL	Milchwasser
± 1 l	Bouillon

Die Eier verquirlen und mit Salz und Milchwasser verrühren. Die Eiercreme in eine eingefettete Tasse sieben. Diese mit Papier zudecken und mit einer Schnur zubinden. Die Eiercreme im Wasserbad zugedeckt ziehen lassen, bis sie fest geworden ist. Dauer: 25–40 Min., je nach Dicke der Tassenwand. Den kalten Eierstich auf ein Brettchen stürzen und in beliebige Form schneiden (z.B. Würfelchen). Mit Bouillon als Suppe servieren.

SULZ

«Die Zubereitung der Sulz kenne ich, seit ich Mitglied der Familie Ragaz bin. Das Rezept stammt aus dem Elternhaus meiner Schwiegermutter, die in der Stadt Zürich wohnte. Sulz wurde nur an Weihnachten gemacht. Optimal, um die Familienmitglieder beim Weihnachtsbrunch zu beeindrucken. Simpel, aber aussergewöhnlich!»

Ergibt ± 4 Schäleli Sulz

2 Pck	Sulzpulver
5 dl	Wasser
4	*Rüebli*
250 g	*Erbsli*
8	Cherry-Tomaten
4	Eier
6	Essiggurken
6	Maiskolben im Glas
300 g	Aufschnitt oder Schinken

Zwei Packungen Sulzpulver im Wasser auflösen und in Pfanne aufkochen. *Rüebli* und *Erbsli* weich kochen. *Rüebli* in feine Scheiben schneiden. Cherry-*Tomätli* halbieren, *Gürkli* und *Maisli* klein schneiden. Gekochte Eier in Scheiben und Schinken in Stückchen schneiden oder als ganze Scheiben verwenden. Nach Belieben die *Schäleli* mit Gemüse und Fleisch befüllen. Nach und nach mit Sulz auffüllen. Am Schluss müssen alle Zutaten mit Flüssigkeit bedeckt sein. *Schäleli* für ca. 12 Std. kühl stellen, bis die Sulz fest ist. Dann stürzen und geniessen.

GEFÜLLTE PIKANTE GIPFEL

«Schinkengipfeli waren auch immer willkommen.»

Ergibt ± 16 Stück

2	runde Blätterteige
2 Pck	Schinken (je ± 160 g)
3	Eier
1 Bund	*Peterli*
etwas	Pfeffer
etwas	Aromat

Die Teige je in 8 Teile schneiden. Schinken in kleine Würfel schneiden. Eier in Pfanne zu Rührei verarbeiten. *Peterli* fein schneiden und zu den Eiern geben und kurz mitdämpfen. Mit dem Schinken vermischen, Pfeffer und Aromat beigeben. Nun die Blätterteigstücke damit füllen und von der Breitseite aufrollen. Spitze muss obenauf sein. Die *Gipfeli* mit Gabel einstechen, damit der Dampf entweicht und sie nicht platzen. Mit Ei anstreichen und bei 170 Grad Umluft in der Mitte des Ofens für 20–25 Min. backen.

PARTYBROT

«Rezept von meiner Schwägerin Ursi. Gibt es jedes Jahr an meinem Geburtstag. Das Partybrot lässt sich gut vorbereiten.»

1	Pariserbrot
250 g	Schinken
8	*Essiggürkli*
etwas	Schnittlauch
100 g	Butter
1 dl	Sulzbrühe

Brot in der Mitte aufschneiden und aushöhlen. Schinken würfeln, *Gürkli* in feine Würfelchen schneiden und Schnittlauch fein hacken. Schinken, weiche Butter, *Gürkli*, Schnittlauch und Sulzbrühe zusammenmischen und mixen. Brot mit der Masse füllen, in Alufolie einpacken und im Kühlschrank aufbewahren. Zum Servieren in Scheiben schneiden.

DAMPFNUDELN MIT VANILLESAUCE

«Oft als Nachtessen genossen.»

	HEFETEIG
300 g	Mehl
15 g	Hefe
3 dl	Milch
40 g	Zucker
1 TL	Salz
50 g	Butter
1	Ei

Mehl in die Schüssel sieben. 1 dl warme Hefe mit Milch auflösen, in die Mitte vom Mehl geben und mit etwas Mehl anrühren. Kurz stehen lassen. Dann Zucker, Salz, weiche Butter und Ei dazugeben. Alles zu einem eher dünnen Hefeteig zusammenkneten. Je nach Bedarf noch mehr Milch dazugeben. Teig neben eine Heizung stellen und ruhen lassen, bis er anfängt zu treiben. Dann nochmals kurz kneten.

	GUSS
2 dl	Milch
100 g	Zucker
50 g	Butter

Für den Guss Milch, Zucker und Butter in einer Pfanne erwärmen und verrühren.

Eine Gratinform mit Butter einfetten. Wenig vom Guss in die Form geben. Den Teig zu Kugeln formen und nebeneinander in die Form legen. Nochmals für 20–30 Min. aufgehen lassen. Bis auf kleinen Rest den Guss darübergiessen, bei 170 Grad Umluft für 15 Min. backen. Dann den Rest des Gusses darübergiessen, nochmals 5 Min. bei 150 Grad weiterbacken. Warm geniessen mit Vanillesauce.

	VANILLESAUCE
6 dl	Milch
½	Vanilleschote
1 EL	Maizena
½ dl	Milch
1	Ei
30 g	Zucker

Für die Vanillesauce Milch mit Vanilleschote in einer Pfanne aufkochen. Maizena mit etwas Milch verrühren und einlaufen lassen. Ei und Zucker separat in einer Schüssel gut verrühren. Die Vanille-Maizena-Milch unter ständigem Rühren mit Schwingbesen langsam in Ei-Zucker-Masse giessen. Etwas abkühlen lassen. Damit keine Haut entsteht, etwas Zucker darüberstreuen oder alternativ einfach immer wieder rühren.

Zum Servieren: Vanillesauce portionenweise über die Dampfnudeln giessen.

Die unwiderstehliche Vanillesauce

Nanis Biescht

Als Katharina Nani fragte, für welches Gericht sie sich entscheiden würde, wenn sie einen Monat nur das Gleiche essen könnte, war ihre Antwort prompt: *Bieschtchueche.* Was ist *Biescht?* Biestmilch ist die erste Milch, die eine Kuh von sich gibt, nachdem sie ihr Kälblein geboren hat. Nach der Geburt entrinnt dem Euter eine dicke, dunkelgelbe Milch – die *Biescht.* Zuerst hat das neugeborene *Kälbli* Vorrang. Was davon übrigbleibt, kann zum Backen verwendet werden, etwa um einen feinen Kuchen herzustellen. Der Kuchen gleicht eher einer Omelette und ist durch die Milch besonders gehaltvoll.

> *«Das Rezept stammt von meiner Nona Fida Hemmi. Ich kenne es seit meiner Kindheit und liebe es sehr. Typisches Gericht im Winter, da es so gehaltvoll ist. Wenn ich meinen Bruder anrufe und sage, dass ich Bieschtchueche mache, dann kommt er sofort vorbei. Er liebt es auch und sagt, es sei besser als ein Kotelett!»*

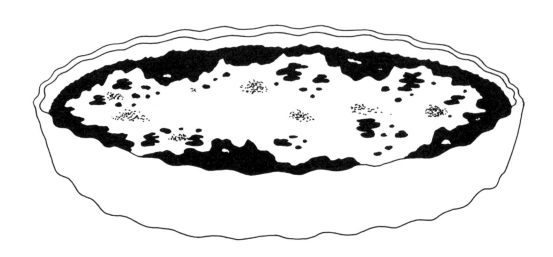

BIESCHTCHUECHE

2	Eier
100 g	Zucker
½ TL	Salz
4 dl	Biest-Milch
8 EL	Weissmehl
¼ TL	Backpulver
40 g	Butter
80 g	Sultaninen

Eier, Zucker und Salz mit dem Mixer in einer Schüssel mischen.

Milch und gesiebtes Mehl unter ständigem Rühren abwechselnd zur Masse geben, damit es keine Klumpen gibt. Das Backpulver dazugeben und weitermixen. Anschliessend die weiche Butter beigeben, mixen und fertige Teigmasse in eine runde, eingefettete Backform geben. Sultaninen auf dem Kuchen verteilen. Den Kuchen bei 180 Grad Umluft für ca. 30 Min. backen, bis sich der Kuchen hebt und goldbraun gebacken ist.

«Alle Jahre wieder. Guetzli gehören zur Weihnachtszeit.»

Nanis Stolz, ihr vollkommener Guetzliteller.

ZIMTPITTLI

«Ein besonderes Rezept aus dem Kanton Graubünden.»

Ergibt ± 2 Backblech

150 g	Butter
170 g	Zucker
2	Eier
140 g	Mehl
1 Prise	Salz
170 g	gemahlene Mandeln
1 EL	Zimt
etwas	Eiweiss oder Milch
80 g	Zucker
80 g	Mandelsplitter

Butter und Zucker in eine Schüssel geben, geschmeidig rühren. Eier beigeben und schaumig rühren. Mehl, Salz, gemahlene Mandeln und Zimt beigeben und mischen. Teig ca. 5 mm dick auf den Blechrücken streichen, mit Eiweiss oder Milch bepinseln. Zucker und Mandelsplitter darüberstreuen, andrücken.

Bei 180 Grad Umluft in der Mitte des vorgeheizten Ofens für ca. 30 Min. backen. Noch heiss in verschobene, diagonale Quadrate schneiden.

BRABANZERL

«Ein sehr arbeitsintensives Gebäck, für das Sie jedoch viel Lob ernten werden.»

Ergibt ± 2 Backblech

	TEIG
150 g	Butter
50 g	dunkle Schokolade
150 g	Mehl
50 g	Zucker
50 g	gemahlene Mandeln
1 Prise	Salz

Die Butter weich werden lassen und die Schokolade im Wasserbad schmelzen. Beides zusammen mit Mehl, Zucker, den gemahlenen Mandeln und einer Prise Salz in eine Schüssel geben und zu einem Teig kneten. Über Nacht kühl stellen. Den Teig portionenweise 3 mm dick auswallen (restlichen Teig immer kühl stellen) und kleine, runde Plätzchen ausstechen. Direkt auf ein mit Backpapier ausgelegtes Blech geben und 15 Min. kühl stellen. Dann bei 180 Grad Umluft in der Mitte des vorgeheizten Ofens für ca. 7 Min. backen.

	FÜLLUNG
½ Glas	Johannisbeergelee

Noch warm, je zwei Plätzchen mit etwas Johannisbeergelee bestreichen und zusammenkleben. Auskühlen lassen.

	GLASUR
75 g	dunkle Schokolade
½ EL	Butter
40 g	geschälte Mandeln

In einer Pfanne Schokolade und Butter langsam schmelzen, glatt rühren und Plätzchen damit bestreichen. Je eine Mandel in die Mitte des Plätzchens geben zum Verzieren.

CHRÄBELI

«Die Lieblingsguetzli von Lea.»

Ergibt ± 2 Backblech

5	Eier
½ TL	Salz
500 g	Puderzucker
2 EL	Anis
500 g	Mehl
wenig	Butter

Eier, Salz und Puderzucker in eine Schüssel geben und 10 Min. mit Rührgerät oder 20 Min. von Hand sehr gut schaumig rühren. Den Anis ganz beigeben. Das Mehl gesiebt daruntermischen, zusammenkneten und 15 Min. ruhen lassen, nochmals kneten, bis der Teig glatt ist. Aus dem Teig fingerdicke Rollen formen, in 5 cm lange Stücke schneiden, diese 2–3 Mal leicht schräg einschneiden und wenig biegen. Auf ein mit wenig Butter eingefettetes Blech legen und bei Zimmertemperatur über Nacht oder für ca. 8 Std. trocknen lassen. Wichtig: Mit zu viel Butter kleben die *Chräbeli* nicht und es gibt keine *Füessli*.

Den Ofen auf 160 Grad Umluft vorheizen, dann auf 130 Grad herunterschalten und *Chräbeli* für ca. 20 Min. im unteren Drittel des nicht ganz geschlossenen Ofens backen. Danach in die Guetzlibox oder *ab is Muul*.

KLEINE LEBKUCHEN

«Rezept von meiner Mutter.»

Ergibt ± 2 Backblech

2	Eier
1 EL	Honig
125 g	Puderzucker
190 g	Mehl
½ TL	Backpulver
½ TL	Zimt
½ TL	Nelkenpulver
40 g	geschälte Mandeln

Eines der zwei Eier in Eigelb und Eiweiss trennen. Eiweiss zur Seite stellen. Das Eigelb in einer Schüssel mit Honig, gesiebtem Puderzucker und dem anderen ganzen Ei gut verrühren. Mehl, Backpulver und Gewürze dazugeben, vermischen und zu einem festen Teig verarbeiten. Teig ca. 7 mm dick auswallen und runde Plätzchen ausstechen. Plätzchen mit dem Eiweiss bestreichen. Mandeln zum Verzieren in die Mitte legen.

Die Lebkuchen ca. 1 Std. auf dem Blech trocknen lassen. Dann bei 140 Grad Umluft für ca. 15–20 Min. backen.

NEUJAHRSPITA

«Bündner Neujahrsbrauch: Zusammen mit Rötali wird das neue Jahr willkommen geheissen.»

	TEIG
70 g	Sultaninen
etwas	Rum, Kirsch oder Quittenschnaps
500 g	Mehl
½ TL	Salz
20 g	Hefe
100 g	Butter
100 g	Zucker
2	Eier
½	Zitrone
3 ½ dl	Milch

	GARNITUR
1	Eigelb
30 g	Mandelplättchen
etwas	Hagelzucker

Zuerst die Sultaninen in Rum, Kirsch oder Quittenschnaps einlegen. Dann alle Zutaten für den Hefeteig in einer Schüssel zusammenkneten. ½ Std. gehen lassen, nochmals kneten und in der eingefetteten Kuchenform erneut aufgehen lassen.

Dann mit Eigelb bestreichen, mit Mandelplättchen belegen und Hagelzucker darüberstreuen.

In den vorgeheizten Ofen geben und bei 170 Grad Umluft für ca. 20–30 Min. schön hellbraun backen. Nach der vorgegebenen Zeit Stichprobe machen und wenn nichts mehr klebt, herausnehmen.

RÖTALI

«Hausschnäpsli. Bündner Spezialität zum Anstossen an Neujahr. Die eingelegten Kirschen esse ich auch gerne abends auf dem Sofa als feiner Snack bei einem guten Film.»

Ergibt ± 2 l Schnaps

1 l	Schnaps (von Kernobst ± 50 % Alkohol)
200 g	Dörrkirschen
50 g	gedörrte Zwetschgen
1	Vanillestängel
1	Zimtstange
3	Gewürznelken
1½ TL	ganzer Koriander
1	Orange
1	Zitrone
½	Zimtblüte
5	Sternanis-Körner
5 dl	Wasser
250 g	Zucker

Alle Zutaten zum Schnaps geben und in eine grosse Flasche oder Einmachglas abfüllen. 3–4 Wochen an der Wärme ziehen lassen. Dafür bei der Orange und Zitrone nur die Schale mit dem Sparschäler schälen und beigeben. Nach 3–4 Wochen den Flascheninhalt durch ein Tuch oder Sieb absieben. Wasser und Zucker zu Sirup einkochen, abkühlen lassen, zum Schnaps geben und gut mischen.

Viva!

Ausgeschleckt, satt und erfüllt.

SCHLUSSWORT

Das Jahr ist zu Ende und wir sind dankbar, dass wir mit Nani einen solchen wertvollen Generationenaustausch erleben durften und Nanis Rezepte und Geschichten weiterleben können. Es war ein besonders genussvolles Jahr, denn wir lernten, jedes einzelne dieser 80 Rezepte zu kochen, und natürlich haben wir die Menüs auch selber gegessen.

Besonders in Erinnerung bleiben uns die Momente, wenn wir jeweils endlich am Tisch sassen und Nani neugierig, aber auch leicht kritisch das Essen probierte. Meistens nickte sie dann zufrieden, strahlte und meinte: «*Das hemmer guat gmacht.*» Auch ein Glas Wein fehlte selten. So zelebrierten wir das gelungene Resultat des gekochten Menüs oftmals mit einem sehr vollen Bauch und ausgeschleckten Tellern.

Was für ein intensives NANI-Abenteuer! Gestartet haben wir mit einem simplen *Gekoche* bei Nani an einem warmen Septembertag. Überhaupt nicht ahnend, wohin diese NANI-Reise uns noch hinbringen wird, aber voller Leidenschaft und von Tatendrang beflügelt. Durch die Entscheidung, NANI im Eigenverlag zu publizieren, durften wir in verschiedensten Bereichen viel Neues lernen und uns eine grosse Menge an Wissen aneignen. So viel es uns auch gegeben hat, so war es auch für uns drei Powerfrauen manchmal streng. Alles zu geben für unser Herzensprojekt und trotzdem einen gesunden Ausgleich nebst Studium und Arbeit zu finden, war immer wieder eine Herausforderung. Dank unseres engen und ehrlichen Austausches untereinander wurden wir jedoch von Woche zu Woche zu einem eingespielteren und achtsameren Team.

Erfüllt von dem wöchentlichen Austausch möchten wir auch andere dazu animieren, das wertvolle Wissen der älteren Generation zu nutzen. Es gibt so vieles, was man sich gegenseitig erzählen und voneinander lernen kann.

Wie Nani so schön meinte: *«Also Rezepte hätten wir jedenfalls noch viele mehr, die wir miteinander kochen könnten. Das würde noch für weitere Bücher reichen.»* Mit diesem Kochbuch lebt nun ein Teil ihres Kochwissens und ihrer Rezepte weiter.

Insbesondere berührte uns auch Nanis sonnige Persönlichkeit. Ihre Energie und Lebensfreude, mit der sie uns wöchentlich strahlend die Haustüre öffnete und uns innig umarmte, beeindruckte uns jedes Mal wieder von Neuem. Nebst ihrem unermüdlichen Tatendrang strahlt sie eine Ruhe und Zufriedenheit aus. Sie ist vif, herzlich, vital, mutig, ehrlich, optimistisch, selbstbewusst und noch immer leidenschaftlich beim Kochen dabei. Denn abgesehen von ihren Klassikern, war sie stets neugierig, auch neue Rezepte mit uns auszuprobieren. Für uns eine wahre Inspiration. Wir können uns nur wünschen, dass wir mit 86 Jahren noch genauso im Leben stehen wie sie.

DANK

«Wir schreiben Nanis Kochbuch», meinten wir entschlossen, nichts ahnend, was alles noch auf uns zukommen würde. Wir sind unglaublich dankbar für die grosse, vielseitige Unterstützung, die wir während des ganzen Projektes erfahren durften. Angefangen bei unseren Familien, die stets an uns glaubten und für Rat zur Verfügung standen, sei es beim Lektorat, der Buchhaltung oder der Medienarbeit. Vor allem wollen wir uns bei Joachim Hürlimann für seine strategischen Hinweise zur Finanzierung und Vermarktung bedanken.

Unser Dank geht auch an all unsere Freunde und treuen Zuhörer, die uns mit ihren offenen Ohren ein Jahr lang seelisch unterstützten und wertvolle Inputs gaben. Besonders bedanken wir uns bei Florian Westermann, der uns vom fotografischen und gestalterischen Coaching bis hin zum Erstellen unseres Crowdfunding-Videos immer zur Seite stand.

Herzlich danken möchten wir zudem unserer Social Media Community, die uns während des ganzen Jahres mit treuem Feedback motivierte. Es erfüllte uns sehr, dass unsere Geschichte so sehr Anklang fand. Ein herzliches Dankeschön gilt insbesondere auch all den Unterstützer*innen unseres Crowdfundings. Dank ihnen konnten wir das Kochbuch vollumfänglich in der Schweiz produzieren.

Das Kochbuch NANI gäbe es nicht in dieser schönen Gestaltung ohne unsere geschätzten Grafiker Andreas Spörri und Lukas Ackermann von Badesaison und Nino Izzi von Heller Druck. Auch Regula Walser wollen wir für das Korrektorat, Marjeta Morinc für die Bildnachbearbeitung und der Schumacher AG für die Buchbindung danken.

Zum Schluss möchten wir uns bei dir, Nani, für das unvergessliche Jahr bedanken: für all die Erinnerungen an die wertvollen wöchentlichen Kochsessions, für die Erfahrungen, die wir mit dir sammeln durften, für deine Verbundenheit und auch für dein Vertrauen in uns. Auch wir – Lea und Katharina – wollen uns gegenseitig danken. Was für ein Jahr und was für eine wertvolle Zusammenarbeit.

ÜBER UNS

NANI *1933*

Nani ist in Trimmis aufgewachsen und führte über 30 Jahre lang zusammen mit ihrem Ehemann einen Bauernhof in Domat-Ems. Seit 1994 wohnt Nani in Felsberg und besitzt einen grossen Garten, wo sie immer noch selber Gemüse und Früchte anpflanzt. Nani ist eine bewundernswerte, vitale und aufgeweckte Grossmutter. Sie kocht schon ihr ganzes Leben lang und auch heute noch mit Leidenschaft. So freut sie sich noch immer auf den ersten Bissen nach einer langen Kochaktion und beginnt zufrieden zu strahlen, wenn's *würkli guat kho isch*.

LEA *1996*

Die Initiatorin von NANI und Fotografin des Projekts ist Lea. Sie ist die Enkelin von Nani und konnte nicht widerstehen, Nanis Traum von einem Kochbuch zu erfüllen. Ursprünglich in Zug aufgewachsen, ist sie für ihr Tourismusstudium nach Chur gezogen und konnte somit mehr Zeit mit Nani verbringen. Das Kochprojekt entstand als Abschluss von Leas Zeit im Bündnerland, denn sie wollte die restliche Zeit in Nanis Nähe noch voll auskosten. Leas Auge für Details und ihr Flair für Design sind im NANI-Projekt unverzichtbar. Seit 2020 wohnt Lea im Herzen von Zürich.

KATHARINA *1997*

Katharina ist Herrin der Rezepte und Organisationsstrategin von NANI. Sie liebt es, neue Rezepte zu entdecken und war somit sofort begeistert, Teil vom NANI-Projekt zu sein. Katharina studierte gemeinsam mit Lea in Chur Tourismus und ist eine grosse Food-Enthusiastin und leidenschaftliche Köchin. Sie ist in Liestal aufgewachsen, wohnt jedoch nun seit über drei Jahren glücklich im Bündnerland.

APÉRO		Gefüllte pikante Gipfel	191
		Partybrot	191
		Sulz	189
SALAT		Bohnensalat	061
		Chabissalat	161
		Fenchelsalat	107
		Gurkensalat	059
		Kartoffelsalat	059
		Randensalat	161
		Rüeblisalat	061
		Selleriesalat	161
		Siedfleischsalat	165
		Tomatensalat	059
		Wildkräutersalat	023
		Wurst-Käse-Salat	063
SUPPE		Eierstich	187
		Gerstensuppe	163
		Kürbissuppe	109
HAUPTGANG		Capuns	115
		Chnöpfli	121
		Churer Fleischtorte	187
		Conterser Bock	033
		Fleischvögel	171
		Gefüllter Wirzkopf	179
		Gefülltes Gemüse	069
		Gnocchi mit Salbei	035
		Hackbraten	071
		Herdöpfelstock	039
		Käseschnitten	185
		Kartoffelgratin mit Lauch	123
		Kohlwickel	177
		Maluns	169
		Pizzoccheri	125
		Polenta	171
		Ratatouille	067
		Rosenkohl	173
		Rösti mit Spiegeleiern und Spinat	037
		Safranrisotto	117
		Saltimbocca	039
		Spargeln	029
		Suurbrate	181
		Vitello Tonnato	077
		Wildpfeffer	119
		Zwiebelwähe	167

DESSERT		Apfelkuchen	151
		Apfel-Omelette	149
		Bieschtchueche	197
		Biskuitroulade mit Buttercreme	053
		Bündner Nusstorte	143
		Chriesichueche	089
		Dampfnudeln mit Vanillesauce	193
		Himbeerglace mit Meringues	091
		Holunderchüechli	049
		Johannisbeerkuchen mit Meringues-Haube	081
		Karamellbirnen	135
		Linzertorte	155
		Neujahrspita	209
		Ofenküchlein	099
		Quarktorte mit Beeren	095
		Rhabarberschnittli	047
		Rhabarberkuchen	043
GUETZLI		Brabanzerl	203
		Chräbeli	205
		Kleine Lebkuchen	207
		Quittenpästli	153
		Zimtpittli	201
BROTE		Birnenbrot	137
		Butterzopf	065
		Nussbrot	145
EINMACHEN		Birnenhonig	129
		Chriesigonfi	087
		Johannisbeergelee	087
		Quittengelee	153
		Randen süss-sauer	131
		Rumtopf	129
GETRÄNKE		Haustee	025
		Holunderblütensirup	051
		Johannisbeersirup	085
		Kafi Cognac	101
		Rötali	211

IMPRESSUM

AUTORINNEN
Elsi Ragaz-Hemmi, Lea Hürlimann,
Katharina Wirth

REZEPTE
Elsi Ragaz-Hemmi mit Katharina Wirth

FOTOGRAFIE
Lea Hürlimann

GESTALTUNG
Badesaison

ILLUSTRATION
Andreas Spörri

BILDBEARBEITUNG
Marjeta Morinc

KORREKTORAT
Regula Walser

DRUCK
Heller Druck AG, Cham, Schweiz

BINDUNG
Schumacher AG, Schmitten, Schweiz

ISBN
978-3-033-08105-5

© 2020 NANI
www.cookingwithnani.ch